LES SILENCES DU CORBEAU

YVON RIVARD

LES SILENCES DU CORBEAU

BORÉAL

Données de catalogage avant publication (Canada)

Rivard, Yvon,
    Les silences du corbeau
    2-89052-167-2

    I. Titre.

PS8585.I92S54 1986   C843'.54   C86-096348-9
PS9587.I92S54 1986
PQ3919.2.R58S54 1986

Photo de la couverture: Michel Desrochers

Photocomposition: Helvetigraph, Québec

Diffusion pour le Québec: Dimedia: 539, boul. Lebeau,
Saint-Laurent (Québec) H4N 1S2

Distribution pour la France: Distique: 17, rue Hoche,
92240 Malakoff

© Les Éditions du Boréal Express
5450, ch. de la Côte-des-Neiges,
Bureau 212, Montréal H3T 1Y6

ISBN 2-89052-167-2

Dépôt légal: 3ᵉ trimestre 1986
Bibliothèque nationale du Québec

Les Mères! Les Mères! Cela résonne d'une façon si étrange!
Gœthe

1ᴱᴿ CARNET

Je me serais sans doute aussitôt rendormi, si je n'avais pas cette manie de consulter ma montre à propos de tout et de rien. Est-ce pour me libérer un peu de cette tyrannie que j'ai changé, avant de partir, ma vieille Timex au cadran lumineux contre une Bulova aveugle et sans chiffres? Toujours est-il qu'en attendant cette improbable libération je devrai, comme cette nuit, me réveiller pour savoir combien de temps il me reste à dormir.

Après avoir frappé dans mes mains, j'ai soulevé la moustiquaire et suis descendu du lit en espérant que les insectes, qui sont censé recouvrir tout le plancher, avaient bien compris le signal. Je suis parvenu sans difficulté jusqu'à mon briquet: il était environ trois heures.

Est-ce que je pourrais vivre sans montre? Seul et sans montre? Tout de suite les grandes questions, c'est ça la nuit. Je m'allume une cigarette, j'inspire profondément et je jouis déjà à l'idée que mon esprit, tel un phare, s'apprête à balayer les ténèbres. Et puisque la mer est là, tout près, pourquoi m'en priver? Que peut le temps contre un homme nu qui médite seul, la nuit, face à la mer? Quand j'ai ouvert les volets, il a déployé lentement ses ailes et s'est envolé vers le large. Je sais qu'il y a des milliers de corbeaux à Pondichéry et que probablement ils se ressemblent tous, mais cela ne m'étonnerait pas que ce soit le même que j'avais surpris dans cette chambre le jour de mon arrivée. Surpris n'est peut-être pas le terme juste, car il avait eu plusieurs fois le temps de s'enfuir pendant que Jatti, le gérant, se bagarrait avec la serrure de la porte. Je n'ai d'ailleurs pas très bien compris pourquoi on verrouillait les portes tout en laissant les fenêtres ouvertes. Bref, il se tenait immobile au milieu de la table de travail et il a fallu que Jatti le menace avec son trousseau de clefs pour qu'il consente à quitter les lieux. C'est la première fois qu'une telle chose se produit, répétait Jatti qui craignait de perdre la location de sa plus belle chambre. J'étais sûr qu'il mentait: les vaches dans les rues, la migration des âmes, l'hôtel à trois dollars, les corbeaux dans les chambres, tout cela se tenait. Mais de fait, depuis ce premier jour, je n'avais pas revu de corbeaux ni dans ma chambre ni dans le jardin.

Je suis resté à la fenêtre jusqu'à la fin de ma

cigarette. Je n'étais nullement effrayé mais agacé de ne rien pouvoir penser d'une telle rencontre. Que peut un homme nu, seul face à la mer, contre un corbeau qui refuse de se prêter à une méditation nocturne sur le temps?

J'écris ces lignes dans la lumière du matin. Il est presque six heures et je n'ai pas fermé l'œil du reste de la nuit.

* * *

— Tu as remarqué ses pieds?

— Non. Qu'est-ce qu'ils avaient, ses pieds?

— Ils étaient brûlants, je te jure. Comme des tisons. C'est impossible que tu n'aies rien senti.

— Je n'ai jamais pris ses pieds dans mes mains.

— Mais tu es fou! Il faut que tu lui prennes les pieds, sinon...

— Sinon quoi?

— Tu ne connais pas le mot de Ramakrishna?

— Ramakrishna, c'est celui qui s'est évanoui à l'âge de sept ans en regardant passer les grues?

— Oui, oui, c'est lui. Alors il a dit que celui qui, une fois dans sa vie, pouvait toucher les pieds d'un maître, celui-là échapperait au cycle des incarnations.

— Tu veux dire qu'il ne pourrait plus mourir?

— Non, ça signifie plutôt qu'il n'aurait plus besoin de naître.

— Ah bon! Et si le disciple touche les pieds du maître plus d'une fois?

— Tu ne trouves pas que c'est un peu facile de ridiculiser ce qu'on ne comprend pas?

— Excuse-moi! Vas-y, continue.

— Tu peux penser ce que tu veux mais une chose est certaine, c'est que le contact physique avec le maître accélère le processus.

— Même si le maître est une femme?

— Voyons donc! Il n'y a pas de différence puisque Mère est une incarnation du divin.

— Qu'arriverait-il, selon toi, si deux maîtres se prenaient les pieds?

— D'abord, les maîtres ne se rencontrent jamais; je veux dire que le maître et le disciple se séparent dès que le disciple devient à son tour un maître. Et puis tous les maîtres ne sont pas des avatars.

— Comment les distingue-t-on? Par la chaleur de leurs pieds ou la couleur de leurs robes?
— C'est une question de pouvoir. Tu as vu ses yeux?
— Oui, je ne fais que cela, regarder ses yeux.
— Et alors que se passe-t-il?
— Mais tu deviens très indiscret! De toute façon, il faut que je te quitte, j'ai rendez-vous avec Véronique.

Si je malmène ainsi l'innocence de ce cher Louis, c'est que j'essaie de résister à la grâce contagieuse qui menace ici tous les pèlerins occidentaux et plus particulièrement ceux qui ont le bonheur ou le malheur d'approcher un maître. Chaque jour, de seize à dix-huit heures, une jeune Indienne de dix-sept ans qu'on appelle Mère reçoit, dans une petite pièce surencensée, une douzaine de disciples, surtout des hommes, qui transpirent et méditent en attendant leur tour. Aucune règle ne détermine l'ordre dans lequel les disciples s'avancent vers elle. Quand ils se sentent prêts (appelés) ou qu'ils ne peuvent plus maîtriser leur désir (leur peur), ils viennent s'agenouiller devant elle et s'inclinent au-dessus de ses genoux, le plus près possible des cuisses de sorte qu'elle puisse sans effort prendre leur tête entre ses mains. Cela s'appelle le *pranam* et sa durée,

15

comme celle d'ailleurs du *darshan* qui suit, varie selon des facteurs que nul n'a encore réussi à mesurer. Ce peut être la qualité de l'abandon: au bord du gouffre, il y a toujours quelques arbustes tenaces, images ou pensées, qui retardent la chute. Ou encore la fatigue, les humeurs ou les préférences du maître: évidemment, c'est l'ego du disciple qui entretient de telles rumeurs. De plus, cette posture provoque un afflux de sang à la tête qu'il faut, notamment par la respiration, redistribuer dans tout le corps au risque de sombrer dans un vertige bêtement physiologique. Bref, les mains de Mère sont insondables et nous nous y précipitons comme dans le souvenir le plus lointain de nous-mêmes.

La première fois que je lui ai offert ma tête, lourde il est vrai des milliers de kilomètres aériens que je venais de franchir, je n'ai pu faire taire en moi cette voix enfantine que je connais trop bien, qui est toujours prête à me vendre contre une promesse de mort: «Je te donne ma vie, fais-en ce que tu veux.» Bien sûr, dès le lendemain, j'allais la lui reprendre de peur qu'elle ait mal compris et ne se mette aussitôt à la transformer. Car ce que je voulais, c'est qu'elle me retire doucement cette vie et m'en donne une autre à la fois plus obscure et plus légère, quelque chose de semblable à ce que Louis évoquait: être vivant sans avoir besoin de naître. Ma vie entre ses mains, comme des dés qu'elle caresserait sans jamais les lancer. Ai-je cherché auprès des femmes autre chose que cette impossible inversion du temps? À quatre ans, j'avais décidé de m'asseoir sur les genoux de ma mère pour l'empêcher de vieillir; à six, je me souviens d'avoir embrassé le siège encore tiède des fauteuils où s'étaient assises quelques-unes de ses amies. Les Mères! Les Mères! Elles nous enfantent dans la douleur, nous reprennent dans le plaisir. Même absentes, ce sont elles qui, dans notre souffle, nous bercent.

Mais voici que l'étreinte se relâche, les mains s'écartent de ma tête qui se redresse, aspirée par le regard de Mère. Pourquoi faut-il que ses yeux me tirent du doux sommeil de ses mains? Dans un instant, la lumière aura forcé mes paupières. Dans un instant, je serai nu. Cela s'appelle le *darshan* et tient à la fois du viol, de l'analyse et de la contemplation. Peut-on imaginer tourment ou plaisir plus subtil que ces rendez-vous quotidiens où deux êtres se livrent au regard sans le secours de la parole ou du geste? Comme dirait Étienne: «À chacun son bordel.» Ainsi s'amorce dans la fixité apparente de cet échange une série de mouvements aussi imprévisibles que la durée de la chute antérieure. De son œil gauche jaillit le plus souvent une tige d'acier qui me

17

transperce quel que soit mon système de défense. Que j'opte pour l'hostilité déclarée (tu ne franchiras pas ce seuil), pour les ruses de la transparence (fais comme chez toi, je n'ai rien à cacher) ou pour les minauderies (ménage-moi, je suis si fragile), rien ne me protège contre ce qui vise et touche infailliblement les cibles les plus secrètes: ce cœur romantique où je me noie à la première défaite, le troupeau que j'excite et châtre dans l'enclos de mes reins, le gang vigilant des mots dont je suis prisonnier et complice, et par-ci par-là les innombrables petites lâchetés ou petits mensonges dont même une conscience maladivement scrupuleuse ne pourrait venir à bout. À vrai dire, ces coups ne m'atteignent guère, ils s'enfoncent dans des cartons que j'ai déjà moi-même plusieurs fois troués: je ne suis pas que cela, je suis aussi et surtout cet autre qui aspire à ne plus être qu'une sphère lumineuse. Cette pensée, hélas, ne m'est plus un refuge; aussitôt formulée, elle vole en éclats sous le regard impitoyable de Mère.

C'est alors qu'inversant les rôles, je me mets à fixer son œil gauche. Comment décrire cette lumière noire? J'aimerais me laisser glisser jusqu'au fond mais quelque chose me retient, la peur de mourir ou le pressentiment que cet abîme risque de s'ouvrir à l'intérieur de moi. Il arrive aussi que le corps de Mère, réduit aux dimensions d'une statuette, vienne se loger dans son œil et y sombre lentement. Je le regarde s'éloigner jusqu'à ce qu'il devienne un minuscule point noir, que ma vue se brouille et que Mère ressuscite grandeur nature assise dans son fauteuil. Elle me regarde toujours, cette fois sans aucune agressivité, je regarde furtivement son œil droit qu'on dirait de verre tant il est terne et par lequel, selon ses disciples, elle absorbe toutes les forces de l'univers, puis à nouveau le gauche qui tout à coup me mitraille les deux yeux comme si elle voulait me ranimer avant de se retirer. Lorsqu'elle ferme les yeux, je ne sais si elle me chasse ou m'enveloppe. Je me lève et regagne ma place, où je m'efforce de prolonger dans le silence ce qui vient de se produire. Au bout de quelques minutes, ma pensée à nouveau s'agite, j'ouvre les yeux et tente de détourner vers moi les regards qu'elle distribue aux suivants. Peine perdue: la magie ne joue plus. Post coitum, omne animal triste.

*　*　*

— Je vais prendre la soupe et le poulet.
— Tu l'auras voulu! Je t'ai dit que le poulet n'était pas mangeable.

— C'est pas pour le goût, Véronique, mais pour les ailes.

— Qu'est-ce que tu racontes?

— J'en ai assez de vous voir tous planer au-dessus de ma tête.

— Je te ferai remarquer, Alexandre, qu'un poulet, ça ne vole pas très haut!

— Il y a un début à tout.

— Non mais, sérieusement, ça fait deux semaines que tu es là et tu n'as pas encore eu d'expériences?

— Non, pas vraiment. Hier, François a vu Mère sortir d'une mangue. Louis se brûle les mains à lui tenir les pieds. Il ne m'est rien arrivé de tel, rien d'aussi irréfutable.

— Ça va venir. C'est sans doute que tu lui résistes encore trop. Moi, j'ai mis au moins une semaine à me décider. Mais dès le premier *darshan*, ç'a été le coup de foudre. Je n'ai jamais été aussi amoureuse, tu ne peux pas savoir!

— C'est vrai que tu es resplendissante.

— Merci!

— Je peux savoir ce qui t'a amenée ici?

— Une peine d'amour, tout simplement. J'avais le choix entre partir ou... bref, je n'avais pas le choix.

— Et tu n'as pas peur?

— Peur de quoi?

— D'être à nouveau déçue?

— Mère ne m'abandonnera jamais, j'en suis sûre.

— Tu sais, il faut se méfier des dieux, ils n'ont pas très bonne réputation.

— Et vous, monsieur le cynique, qu'est-ce que vous faites aux pieds de cette femme?

— Je ne sais pas, je ne sais plus.

— Je peux savoir ce qui t'a amené ici?

— Disons que j'avais le choix entre deux femmes et que j'ai choisi la troisième.

— Tu vois, tous les chemins mènent à Mère.

— Eh oui! L'amour est un piège divin.

— Ne me dis pas que toi aussi tu es poète?

— Seulement en voyage.

*   *   *

Jusqu'à présent, j'avais si bien enfoui ma tête dans le giron de Mère que j'étais sans nouvelles de Françoise et de Clara. Elles auront sans doute profité de la petite confidence faite à Véronique ou du bref instant de nostalgie éprouvé hier pendant la méditation pour se glisser à l'intérieur de moi et attendre que la nuit leur ouvre la porte. Comment échappe-t-on à ses ombres, par un sommeil plus profond ou par une veille plus vigilante? Comment choisir? Entre le sourire frondeur de l'une et la gravité de l'autre, je me fuis, me cherche et ne parviens qu'à brouiller les deux visages, dans lesquels je me contemple et me perds. Pour choisir, il faut déjà avoir choisi. Tel est à peu près, j'imagine, le sens de ce rêve où leurs deux corps formaient une roue qui tournait si vite qu'il m'était impossible de les distinguer. Heureusement, je me suis réveillé avant que la roue s'immobilise. Si le choix est déjà fait, je ne veux pas le connaître.

Je repousse la fichue moustiquaire qui me protège contre des insectes que je n'ai jamais vus (je suis sûr que leur existence relève du folklore local, mais je n'ose pas le vérifier) et me dirige vers la fenêtre qui donne sur la mer. Le soleil se lève, quelques voiles glissent vers le large, les vagues sont encore silencieuses, la plage déserte. Chaque jour, ici, a la miraculeuse légèreté des samedis matins, où il suffit d'une fenêtre ouverte ou givrée pour redevenir un enfant. Terre sacrée ou terre immobile, l'Inde m'a tout de suite séduit par ses aubes qui effacent de la mémoire toute trace de souffrance, comme ces femmes de Pondichéry qui, au crépuscule, lavent à grande eau le trottoir devant leur maison. Mais l'enfance ainsi retrouvée n'est-elle pas le contraire de cette lucidité que j'espérais précisément trouver ici, que ce soit auprès d'un maître, d'un mendiant ou d'un corbeau?

Situé dans la partie sud de Pondichéry, le Guest House est une propriété de la Shri Aurobindo Society, mais on peut y être admis sans faire partie de l'ashram. Le gérant présume que si vous êtes là, c'est que vous vous intéressez à la spiritualité de Shri Aurobindo et de Mère Mira, qu'il ne faut surtout pas confondre avec l'adolescente que notre petit groupe fréquente. Le Guest House est composé de trois anciens hangars dans lesquels on a aménagé des chambres et des dortoirs, auxquels se sont ajoutées huit chambres plus luxueuses, formant une sorte de motel qui surplombe la plage de quelques mètres. J'occupe la dernière de ces chambres, celle qui donne à la fois sur la mer et le jardin. Près du rempart de ciment, quelques palmiers cogitent dans la lumière matinale pendant que des étrangers et de rares Indiens célèbrent sur la pelouse, par la messe de leur choix, la naissance du jour. Jan, un petit maigre à barbiche, que j'appelle mon Hollandais-mangeur-de-yaourt (il n'a rien avalé d'autre, dit-il, depuis six mois), affronte un adversaire invisible, mais ses gestes sont d'une telle lenteur que je m'étonne qu'il ne soit pas aussitôt terrassé. À moins qu'il ne danse avec un partenaire dont il a de bonnes raisons de se méfier: comment connaître avec certitude la nature de son double? Un peu plus loin, assis sur ses talons, un autre, vêtu d'un slip, se livre à de violentes respirations abdominales comme s'il allait accoucher d'un instant à l'autre: c'est l'Allemand Hans, «peintre exclusivement visionnaire», attisant le feu qui le nourrit et le dévore. Ailleurs, une jeune fille se prend pour une fleur et y réussit assez bien. Sur une immense serviette bleue, un Français dans la trentaine jouit de la beauté et de la souplesse de ses muscles soumis aux positions les plus savantes (il aura sûrement des élèves: ici chacun donne tout ce qu'il a). À côté du bassin, un Indien a décidé de défier le palmier: debout sur une jambe, l'autre repliée contre la cuisse, les mains jointes au-dessus de la tête, il oscille légèrement depuis une dizaine de minutes en fixant la cime de l'arbre. C'est à qui tiendra le plus longtemps! Bien sûr, c'est toujours le palmier qui l'emporte, mais l'Indien peu à peu se fait arbre. Enfin, il y a cet Asiatique sur le rempart, tout près de ma fenêtre, qui vient adorer le soleil et la lune (la première fois que je l'ai aperçu dans l'obscurité, j'ai poussé un cri qui a failli le renverser).

Bref, chacun à sa manière se prépare fébrilement
à je ne sais quoi. D'autres, sous la douche ou
devant leur miroir, en font autant. Je comprends
cela, cette magie répétée des matins, ce sentiment
que chaque jour est le premier et le dernier.

Je me rends à la salle à manger dont les lar-
ges fenêtres s'ouvrent aussi sur la mer et le jardin.
À vivre ainsi dans la lumière et les courants d'air,
j'ai l'impression, même quand je ferme les yeux,
d'être toujours dehors. Jus d'orange, toast et café
(ah! les bienfaits de l'empire britannique). Je
salue Robert, romancier-poète-essayiste et peut-
être écrivain, qui se spécialise dans l'extase
depuis quelques années déjà. Évidemment, il ne
m'a pas vu puisqu'il regarde les gens au-dessus
de la tête de façon à profiter de leur aura sans se
laisser distraire par leur masque. Arrive Véronique. Ses longs cheveux créent une certaine turbu-
lence dans le regard aérien de Robert. Avec son
sourire de première communiante, elle m'explique le *Yi King*, recueil divinatoire chinois dont les
soixante-quatre «hexagrammes» constituent une
image complète du monde puisqu'ils reprodui-
sent toutes les combinaisons possibles des éner-
gies primordiales que sont le yin et le yang. Pour
connaître l'hexagramme qui décrit votre situation présente et vous permet de déchiffrer votre
destin, il suffit de jeter six fois simultanément

trois sous: tête est considérée comme yin et vaut deux, pile est yang et vaut trois. On obtient ainsi une série de traits courts et longs qui m'ont rappelé les anciennes lignes téléphoniques rurales où le numéro de chaque abonné correspondait à un signal sonore précis (deux pctits et un grand, deux grands, trois petits, etc.). Véronique m'assure qu'il n'y a aucun lien entre les deux systèmes.

Je lance les sous, elle trace l'hexagramme. «Quel est le programme de la journée?» — «Le feu dans le lac.» Aussitôt, me voici transporté en pensée vers ce lieu précis où le monde a commencé, à six heures, un matin de juillet. Debout sur un rocher, face au lac où s'entassent des paquets de brume, j'attends pour lancer ma ligne que le soleil coiffe la montagne et plonge à mes pieds dans l'eau où tremble la forêt. Je sais que le jour où je ne pourrai plus me souvenir de cet instant sera celui de ma mort et que je me retrouverai de nouveau sur ce même rocher, face à ce même lac incendié par le feu plus vif du soleil couchant.

— Alexandre? Tu prends des leçons de Robert ou quoi?

— Non, non, je t'écoutais. À toi maintenant.

Elle lance les sous, je trace l'hexagramme, et

pendant qu'elle lit à voix basse la dernière transformation de son destin, je me demande combien
de lacs peut contenir l'océan Indien.

* * *

François est inquiet. De nous tous, il est celui qui
a le plus lourd passé spirituel, du moins si on en
juge par le nombre et la variété de ses *expériences*,
terme qui recouvre ici à peu près tout ce territoire
des phénomènes psychiques qui va du simple
phosphène à la lévitation, du stigmate à l'halluci-
nation. Louis, qui pourtant ne recule devant
aucun buisson ardent, affiche à l'égard de «toutes
ces performances de l'âme» le plus complet
mépris: «Il n'y a que le don qui compte! Tout le
reste, c'est de la frime.» Or depuis son arrivée à
Pondichéry, François en est réduit, faute de
visions, à chasser le pittoresque des lieux,
appareil-photo en bandoulière. Du coin de l'œil,
je le regarde tourner en rond près du bassin. Il
veut me parler mais n'ose pas me déranger, car
selon la règle implicite qui régit les rapports entre
les pensionnaires du Guest House, il est aussi

dangereux d'interrompre la sieste ou la méditation d'un disciple que la promenade d'un som-
nambule.
— Alors, François, est-ce que tu me photo-
graphies ou non?
— O.K. Si tu veux!
— Ah! et puis non! J'ai déjà assez de mal
comme ça avec mon ego: tous ces *darshans*, tous
ces serviteurs, et cette grande pureté qui monte
en moi.
— T'es bien chanceux! Moi, c'est plutôt le
désert.
— Et le visage de Mère au fond d'une man-
gue?
— Une blague, pour me foutre de la gueule
de Louis! Non, je te le dis: depuis que je la vois,
rien, plus rien. C'était bien la peine de venir
m'enterrer dans ce trou.
— Tu sais, tous les mystiques ont fait cette
grande expérience de la déréliction.
— De quoi?
— Le sentiment d'être abandonné par...
— T'appelles ça une expérience?
— Oui, c'est la grande expérience, celle où
Dieu se révèle par son silence, se manifeste dans
l'absence d'images.
— Tu te fous de ma gueule?
— Non, je suis très sérieux. Jusqu'ici,

d'après ce que tu m'as dit, il te suffisait d'un *mantra*, de quelques respirations ou d'une relation sexuelle plus ou moins tantrique pour que le divin t'apparaisse. Par contre, tout ça te rendait malade.

— Oui, c'est trop fort. Le corps ne peut plus contenir toute cette énergie.

— Eh bien, Mère te donne congé, voilà tout.

— Tu ne crois pas plutôt qu'elle n'a aucun pouvoir?

— Chut! parle plus bas car on pourrait bien nous entendre.

— Niaise pas, réponds-moi: est-ce que tu crois qu'elle a des pouvoirs?

— Écoute, la question ne se pose pas de la même manière pour moi. Primo, je ne peux pas me sentir privé de ce que je ne connais pas. Secundo, mais garde ça pour toi, je crois que tous les maîtres ont le pouvoir qu'on leur donne.

— Voyons donc! Ça voudrait dire que n'importe qui peut être un maître?

— N'importe qui qui ne possède et que ne possède aucun pouvoir, ce qui est évidemment très rare.

— Bon, te v'là reparti dans tes discours d'intellectuel.

— Excuse-moi, je ne fais pas exprès.

— Veux-tu me dire qu'est-ce que ça te donne de tout comprendre, si t'as jamais d'expériences?

— Je ne sais pas. Tu vois, je ne comprends pas tout.

* * *

François a visé juste: ma pensée tourne à vide, pas une expérience qu'elle ne réduise aussitôt en poussière. C'est ainsi que j'ai acquis, au fil des ans, toute une série de pilons (réflexes, raisonnements, citations) capables de venir à bout des matières les plus résistantes. Pour les femmes, j'utilise le plus souvent cette interrogation empruntée à je ne sais plus trop qui: «Vaut-il mieux aimer une femme ou la connaître?» J'en ai tiré plusieurs versions. D'abord celle-ci, inspirée du sens biblique de *connaître*, qui donne un vin âcre particulièrement apprécié des ascètes: «Vaut-il mieux aimer la femme ou la posséder?» Quand je songe aujourd'hui à toutes ces femmes que je n'ai vraiment ni aimées ni possédées, je me demande si ce vin ne vient pas plutôt des raisins trop verts de la fable. Autre mouture, inspirée cette fois de la psychanalyse: «La connaissance de l'autre n'est-elle pas la plus haute forme d'amour?» Enfin celle-ci, ma préférée, que Thoreau a dû me glisser à l'oreille au cours d'un de mes nombreux voyages au Massachusetts: «Toutes ces femmes merveilleuses que je n'aurais pu aimer si je les avais connues!» La femme, les femmes: qu'est-ce que cela veut dire? Si je suis incapable de regarder, sans aucune stylisation lyrique ou autre, chacune des femmes avec lesquelles j'ai eu une relation amoureuse, physique ou fantasmatique, c'est que je suis en train, une fois de plus, de me donner bonne conscience à peu de frais: que sont quelques phrases bien léchées qu'on retourne contre soi, sinon une forme de masturbation?

Ma réponse à la question de François sur les pouvoirs de Mère n'est peut-être pas fausse, mais c'est une dérobade. Qui est cette jeune fille qui m'offre chaque jour ses yeux et ses mains? Qu'on ne puisse d'ailleurs communiquer avec Mère que par l'intermédiaire de Chitkara, petit bedonnant dans la cinquantaine, sorte de proxénète ou d'impresario dont l'anglais m'est inintelligible (on dirait que chaque mot a macéré des heures dans le yaourt avant de s'échapper de sa bouche), favorise évidemment toutes les interprétations et toutes les projections. Libre à chacun d'exploiter à son profit les inévitables approximations de la traduction. Mais la curiosité de François, qui dissimule mal son désir d'être aimé, m'apparaît malgré tout plus saine que cette distance que je maintiens entre Mère et moi. Je ne suis, au fond, qu'une caricature de Faust, je veux tout connaître sans signer aucun pacte, je ne suis qu'un paratonnerre qui attire et détourne la foudre.

— Écoute, Clara, tu as à peine vingt ans, j'en ai trente-trois...

— Alors quoi?

— Je ne sais pas, tout ceci est tellement...

— Tellement simple que ça t'effraie.

— Et toi, tu ne te poses aucune question?

— J'en ai marre de toutes tes questions! Tiens, prends ma main et essaie une seconde de ne plus penser.

Penser, ne pas penser. Être, ne pas être. Fumer, ne pas fumer. Qu'est-ce qui m'empêche d'éprouver «ce simple plaisir d'être» que Louis dit avoir découvert en touchant le sol indien et en cessant de fumer? Le seul obstacle, bien sûr, c'est la pensée même de ce plaisir. Je suis tellement bien sans tabac, tabac, tabac...

Il y a à Pondi un nain surnommé «la Tête» parce qu'il fait à peine un mètre et que sa tête en occupe les trois quarts. Quand j'ai aperçu sur le trottoir ce gros crâne chauve, immobile dans la lumière jaunâtre d'un réverbère, je suis tombé de ma bicyclette. Il s'est mis à rire (je n'étais pas sa première victime) et s'est avancé vers moi de quelques pas (il avait donc des jambes). Je fouille dans mes poches, lui lance une poignée de monnaie, enfourche mon vélo et m'éloigne à toute vitesse en me retournant pour voir la chose picorer dans le caniveau. Il est, m'a-t-on dit, l'un des mendiants les plus riches de la ville et son humour est célèbre. Je n'en doute pas.

J'écris ces lignes dans le jardin sous le regard insistant d'un corbeau. Aucun doute possible: depuis mon arrivée, il y a un corbeau qui me cherche. J'ai l'impression ridicule qu'il pourrait me parler mais qu'il n'y tient pas. Qu'est-ce que tu veux? Mes cacahuètes? Tiens, sers-toi. Il les flaire sans y toucher, relève la tête, me regarde dédaigneusement et poursuit sa promenade. Le mendiant, comme de raison, n'est jamais celui qu'on pense.

*　　*　　*

Aujourd'hui l'atmosphère était plutôt tendue. Louis, à qui Mère a refusé hier le *darshan*, vient d'entrer, semble-t-il, dans la grande nuit: il s'est fait raser le crâne et s'est enfermé dans sa chambre à l'abri de nous tous, pèlerins dissipés, qui appelons sur nos têtes et conséquemment sur la sienne la colère sacrée de Kali, dont la cruauté torture les uns et ravit les autres (Étienne, par exemple, ne jure que par elle). Au pays d'Uç comme à Pondi, Job est toujours parmi nous cette victime propitiatoire qui fait les délices des dieux. Véronique explique la disgrâce de Louis par sa piété excessive («Il en fait trop!») alors que François prétend qu'il traverse tout simplement une crise de jalousie («Ça le fait souffrir de ne pas l'avoir pour lui tout seul»). Peter, dont l'âme n'est étrangère à aucune souffrance, s'inquiète de voir son ami s'engager ainsi «dans les terres sèches et brûlantes de l'ascèse». En fait, sans le reconnaître ouvertement, tous craignent le retour de Kali, cette longue période d'austérité et de châtiment (suppression des *darshans* et des *pranams*, aïe! aïe!) que Mère leur a déjà imposée et qui n'a pris fin qu'à mon arrivée, d'où leur extrême gentillesse à mon égard: je suis celui qui sans le savoir les a délivrés de l'obscurité en dessillant les yeux de Mère.

Chacun donc appréhendait la rencontre de cet après-midi. Qu'allait-il se passer? Kali se contenterait-elle de ce pauvre Louis ou devrions-nous broyer du noir pendant des jours, des semaines? De mon côté, les choses n'allaient pas tellement mieux. Le regard ironique du corbeau, je ne sais pourquoi, me poursuivait encore et je m'apprêtais, une fois de plus, à comparaître devant ce tribunal intérieur qui m'accable immanquablement de reproches aussi justifiés qu'inutiles. Mais le miracle fut! Dès qu'elle entra, vêtue de son sari doré (le noir nous eût été fatal!), une lumière blanche nous enveloppa, qu'on aurait pu trancher avec les couteaux suspendus au-dessus de nos têtes. L'immolation n'aurait pas lieu. Mère avait décidé de plonger ses chevreaux dans une grande bassine de lait tiède. Cette paix était d'une telle intensité que ni le *darshan* ni le *pranam* ne purent y ajouter quoi que ce soit. Cela me pénétrait de partout, je ne respirais plus, j'étais enfin immobile, étale. Est-ce ainsi que s'endorment les noyés? Quand j'ai ouvert les yeux, Louis se tenait les yeux fermés, le visage crispé et les mains jointes devant Mère qui le regardait. Il ne savait pas que son sacrifice avait été accepté et il continuait de mourir «sans raison», comme ce prisonnier retrouvé gelé dans un wagon frigorifique qui ne fonctionnait pas. Cette image était insupportable. J'ai fermé les yeux et le corps frêle de Louis a disparu aussitôt dans le silence.

À six heures, Chitkara, tout souriant, nous a retirés de la bassine: «It's time to go.» Nous avons descendu le petit escalier et nous nous sommes regroupés sur le seuil. Personne ne pouvait ou n'osait parler. Cela ne pouvait pas durer. Juste en face de nous, en plein milieu de la rue, un tas de graviers, comme un tremplin de motocross. Je saute sur mon vélo, m'éloigne de quelques mètres et fonce sur l'obstacle. Quand mes roues touchent à nouveau le sol, mon cœur se met à battre et je m'éveille parmi les voix familières qui font sur le trottoir un bruit de verre brisé.

— Cette qualité du silence, dit Peter, je n'avais jamais connu cela auparavant. C'était comme...

Au bord de ce lac où j'ai rencontré Françoise, il y a quinze ans, un chalet, parmi tant d'autres, prête son plancher grinçant et ses canapés défraîchis à la plus vieille cérémonie du monde: une vingtaine d'adolescents barbotent dans la musique sirupeuse et les lumières tamisées, hypnotisés par une voix qui sort du pick-up ou d'une région d'eux-mêmes inconnue. *Put your head on my shoulder...* les dieux parlent toujours une langue étrangère... *Love me tender...* que les élus néanmoins comprennent aisément... *Hold me tight...* car les corps sont les plus anciens traducteurs de la parole sacrée. La moiteur se fait de

plus en plus sonore, le souffle orchestre le froisse-
ment des tissus. Je ne sais plus qui je tiens dans
mes bras ni si mes pieds bougent encore. Ses cheveux m'aveuglent, ses seins me brûlent, nos
lèvres se cherchent... «Comment dit-on je t'aime
en japonais?» Pourquoi ai-je aussi platement
interrompu cette bienheureuse somnolence? De
quel droit ai-je rompu le charme qui nous enve-
loppait? Combien de *rhum and coke* et de *plains*
faudra-t-il pour recréer cet éden dévasté? Et
encore, il n'est pas certain que cela puisse se produire à nouveau, cet exceptionnel élargissement
de l'être, cet évanouissement de soi dans l'autre,
ce sentiment, cette sensation d'unité originelle...

FRANÇOIS

C'était comme si nous nous étions retrouvés à
l'intérieur de Mère.

THÉRÈSE

Oui, c'est cela! On aurait dit que nous étions tous
ensemble, comment dire...

MOI

Que nous étions tous en train de mourir pour la
première fois au bord d'une bouche qui s'offre.

PETER

Alexandre, je trouve ta comparaison un peu déplacée. Et c'est dommage, car la première partie était très belle: «Nous étions en train de mourir pour la première fois.» J'aime beaucoup ça.

HERMANN

Peter a raison: tu rapetisses notre expérience...

VÉRONIQUE

On n'a pas le droit de tout mêler comme ça, de tout réduire...

MOI

Écoutez, je n'ai rien voulu réduire du tout. Je me suis tout simplement laissé aller à une image qui m'a traversé l'esprit.

PETER

La libre association, Alexandre, c'est dangereux. En tant que poète, en tout cas, je m'en méfie.

HERMANN

Si Alexandre a le goût du divan, ce n'est pas une raison pour nous y traîner.

MOI

Je ne vois pas ce qu'il y a de dégradant à qualifier une expérience d'amoureuse.

FRANÇOIS

Alex a raison: s'il ne s'agit pas d'amour, de quoi s'agit-il? Depuis que je suis arrivé, vous dites tous que vous êtes amoureux de Mère, non?

VÉRONIQUE

L'amour de Mère n'a rien à voir avec ça!

FRANÇOIS

Avec quoi?

VÉRONIQUE

Avec les fantasmes d'Alexandre ou avec ton voyeurisme de photographe. Viens, Thérèse, on s'en va.

MOI

Je suis vraiment désolé, je ne voulais pas vous scandaliser.

VÉRONIQUE

Des fois, on dirait que tu le fais exprès! Et dis-
moi, pourquoi t'es-tu jeté sur ce tas de sable
comme un fou? Pour qu'on t'applaudisse?

* * *

Hier, après avoir relaté le plus fidèlement possible la scène du trottoir, j'ai dû encore me présenter devant mon tribunal intérieur pour y répondre de la pertinence du rapprochement qui avait
choqué certains de mes camarades. Au terme
d'une brève délibération, les membres du jury
(dont je ne parviens jamais à voir les visages)
m'ont reconnu coupable. Comment avais-je pu
relier deux événements aussi différents qu'une
«descente de lumière» et une «montée de l'ombre»
sous prétexte que l'une et l'autre s'accompagnent
d'une sorte d'euphorie? L'analogie m'aura une
fois de plus égaré. Car enfin, il n'y a rien de com-
mun entre «les eaux brunes et peu profondes» du
désir et celles, «opalines et infinies», du silence:
les premières provoquent une diminution de la
conscience, les secondes son élargissement. Bien

sûr, le sentiment d'une mort imminente se retrouve dans les deux expériences, mais si l'accusé avait résisté à la tentation de faire un bon mot, que nous ne citerons pas dans cette enceinte pour ne pas flatter sa bêtise, s'il ne s'était pas enlisé dans une image plus séduisante que convaincante, il aurait vu, au-delà de l'apparente similitude, une différence énorme qui gommait d'un seul coup l'insidieuse comparaison sortie tout droit de son imagination: le désir obscurcit la mort en la défiant, le silence l'abolit en y consentant! (Applaudissements.)

Si rien donc ne justifie ce que l'accusé lui-même a qualifié de «libre association», comment expliquer sa conduite? La réponse est fort simple et néanmoins subtile. Conscient que le saut à bicyclette au sortir de la méditation et que le pavé jeté dans la soirée fiévreuse de jadis procédaient tous deux d'un refus de l'expérience, il s'est empressé de se disculper en passant indûment de la similitude de ses réactions à celle des expériences. Nous ne saurions trop dénoncer cette inférence par laquelle l'accusé invalide ce à quoi il se dérobe. D'ailleurs, nous ne serions pas étonnés qu'il ait recours au même stratagème dans le compte rendu de ce procès qu'il ne manquera pas de rédiger. Sans contester ouvertement notre verdict, il tentera de s'y soustraire en caricaturant soit le style soit le contenu de notre preuve. Il ne lui viendra pas à l'esprit d'écrire tout simplement: «L'accusé craint et déforme toute expérience, amoureuse ou spirituelle.» Non, il préférera les méandres de l'analyse. Ce n'est donc pas la peine que nous poursuivions plus avant cette instruction. Le procès est terminé. Il ne recommencera que si l'accusé, par exemple, reconnaît qu'il a été aussi cruel que Peter, qui se moque à l'occasion du côté vieille fille de Thérèse.

* * *

Ce matin, très tôt, je suis descendu à la plage. Les pêcheurs appareillaient. Je me suis dissimulé dans les troncs d'arbres creusés qui leur servent d'embarcations, et je suis parti. Pour ne plus revenir. Pour aller jusqu'au bout de ce désir que la mer, une fois détachée du rivage, allume dans mon regard. Franchir la ligne d'horizon, basculer hors du temps, retrouver le premier de tous les matins dont les siècles ne sont que de pâles souvenirs. De Marco Polo à Christophe Colomb, de juin à septembre, de Cape Cod à Pondichéry, cette même certitude que la mer, plus que la mort, est la voie du retour. Lorsque le soleil s'est levé, j'avais déjà gagné le large. Je me suis retourné un instant vers la côte, la ville n'était plus qu'un mince trait de lumière jaune. Non, il n'était pas question que je revienne. Plutôt mourir que de renoncer à ce voyage. La mer était calme, pourquoi m'agiter? Mais une odeur intolérable et la sensation d'une masse gluante contre mes pieds en ont décidé autrement: une vague venait de rejeter sur la plage le corps d'un chien à la tête à moitié écrasée. J'ai couru au rempart que j'ai escaladé je ne sais plus comment et j'ai traversé le jardin en bousculant sur mon passage l'homme-palmier et la jeune fille en fleur. Puis je suis resté sous la douche jusqu'à ce que cessent l'envie de vomir et la brûlure de l'eau sur mon corps égratigné. Comme petit déjeuner, je me suis contenté du parfum familier de la confiture-toast-café, tout en évitant de regarder Louis déjà plongé dans un texte sacré. Véronique est venue s'asseoir à ma table avec ses sous et son *Yi King*.

— On dirait que ça ne va pas?

— Non, non, ça va très bien.

— Tu lances le premier?

— Ce n'est pas la peine, je connais déjà la réponse.

— Ah bon! Et qu'est-ce que ça donne?

— «La voie du retour.»
— Connais pas.
— Moi non plus.

* * *

Clara m'écrit une carte de la Grèce. Elle me demande si je suis encore mortel et ne me dit rien d'elle sinon qu'elle continue de vivre, malgré la lumière des îles, dans une sorte de chaos. J'essaie vainement de l'imaginer à partir de ces quelques lignes. La distance, que ma timide et raisonneuse passion a instaurée entre nous dès le premier jour, ne cesse de grandir sans que le lien en soit rompu pour autant. Peut-être d'ailleurs est-ce cela qui nous unit. Je ne saurai jamais ce qui serait arrivé si au lieu de tourner autour du feu je m'y étais jeté. Tout ce qui n'est pas vécu devient irréel et Dieu sait que l'irréel met du temps à mourir.

C'est ainsi que Clara vit de cette ambiguïté, et qu'à l'autre extrémité de moi-même Françoise meurt en silence pendant que j'attends de Mère une seconde naissance. Comment tout cela finira-t-il? Combien de temps mettrai-je à vieillir? Ne suis-je pas en train, une fois de plus, de retarder cette épreuve sous prétexte de prendre du recul? Je sais que c'est monstrueux, mais il suffit que je calme ma respiration ou que je regarde la mer pour que s'estompent aussitôt les visages douloureux de Françoise et de Clara. Certes, je ne suis pas à l'abri des rêves, et il y a parfois sur la plage le cadavre d'un chien qui trouble cette belle sérénité. La question que je me pose est de savoir de quel côté se trouve l'illusion: côté cour où se débat ma conscience, côté jardin où elle jouit de l'innocence? Étienne, dont je viens d'entendre la voix, m'apporte sans doute la réponse.

Étienne ou la preuve qu'il est plus facile de changer de vie que de défroquer. Quarante ans, la calvitie camouflée sous une permanente, naïf et astucieux, cet ancien séculier explore en moby-lette son nouveau royaume de fils du soleil. À le voir ainsi circuler, toujours souriant et vêtu d'une sorte de pyjama fleuri, on dirait un prisonnier égaré dans un paysage de carte postale. Femmes, fleurs, parfums, libellules, tout est beau, tout est plaisir pour ce nouvel Adam qui vient d'obtenir de Dieu la révision de son bail: la terre sera désormais ton jardin et nul ne t'en délogera pourvu que tu n'en refuses aucun fruit. L'entente a été conclue quelque part en Afrique et la conversion d'Étienne a été immédiate. Une vague histoire de photos pornographiques (c'est ainsi que l'ignorance a qualifié le dépouillement inhabituel du vieil homme), suivie d'une courte période dite de folie, a scellé la nouvelle alliance. Après avoir tout perdu — situation, argent, amis — Étienne a enlevé ses petites lunettes, frotté ses petits yeux et découvert l'immensité du milieu divin par la splendeur de ses nombreuses prêtresses. Les messes qu'il avait célébrées jadis sur des autels recouverts de dentelles amidonnées, il les a reprises toutes, une à une, sur les nattes crasseuses des bordels de Madras et de Pondi. Ses rencontres épisodiques avec Mère lui posent quelques problèmes: il craint une perversion religieuse du désir qu'elle lui inspire. De nous tous, il est le seul à vouloir (ouvertement) coucher avec Mère alors que François, par exemple, parle euphémiquement de l'épouser. Il habite le quartier commercial de Pondichéry, mais il vient au Guest House presque tous les jours.

— Est-ce que je te dérange?

— Non, je pensais justement à toi. Je me demandais s'il vaut mieux s'abandonner à la joie ou y résister?

— Tu ne te poserais pas ce genre de question si tu parlais de plaisir et non pas de joie.

— Quelle est la différence?

— Il n'y en a pas: la joie est un plaisir que la conscience torture.

— Dis donc, est-ce que tu t'es remis à la théologie?

— Ça n'a rien à voir avec la théologie, c'est une simple question de bon sens.

— Qu'est-ce que tu veux dire?

— Je veux dire qu'on appelle joie les plaisirs qu'on se refuse pour se donner bonne conscience. Alors dis-moi à quoi tu pensais quand tu m'as posé ta question et je te répondrai.

— Je ne pensais à rien de précis, je t'assure. Aucune mauvaise pensée, si c'est ce que tu penses.

— Combien de fois es-tu allé au bordel depuis ton arrivée?

— Aucune.

— Et tu vas chaque jour chez Mère?

— Oui.

— Eh bien, demain, je t'invite à souper, puis après on ira méditer à ma façon. Tu verras, elles sont beaucoup plus jolies que Mère.

— La question n'est pas là.

— La question, non, mais la réponse, oui. Passe chez Mère avant si ça te fait plaisir. Et apporte une centaine de roupies, ça suffira.

Ça suffira à quoi? À s'assurer que la nuit est peu profonde, que les dés sont pipés, qu'on n'a rien à perdre? Non, je n'irai pas. Quitte à me faire psychanalyser par mon propre pénis ou par le dernier défroqué. Peur du plaisir dépouillé de toute glose affective («What you see is what you get», comme l'affirment ces t-shirts américains tendus sur des poitrines arrogantes)? Peur de me retrouver sur la page couverture d'un magazine spécialisé (je suis cela qui salive, griffe et mord)? Peur de l'autre que la blancheur défend (tu es cela qu'aucune étreinte ne retient)? Peurs, masques, mensonges? Sans aucun doute. Mais je n'arrive pas à me défaire de cette idée puritaine que les voies sacrées de cette pseudo-transgression ne sont que des pacages où la femme est livrée aux porcs, des temples où s'affairent de petits commerçants. Quand j'entends tel écrivain célèbre se vanter d'avoir eu plus de dix mille femmes ou mon voisin se plaindre de l'augmentation du prix dans les salons de massage, j'ai plus que jamais le goût de mes inhibitions. Bien sûr, je n'en suis pas meilleur pour autant. Chacun cherche et ment à sa manière dans les replis du jour ou de la nuit. Étienne croit qu'on peut choisir indifféremment l'une ou l'autre voie. Je n'en suis pas si sûr. Tout ce que je sais, c'est que je suis né à la campagne un matin de juillet, que j'ai grandi en forêt et qu'il m'est aussi difficile d'entrer dans les paradis artificiels que de franchir le seuil d'un bordel.

* * *

Étienne, comme je m'en doutais, est venu à la séance de méditation. Après avoir salué chacun d'un large sourire (ne craignez rien, je ne vais pas perturber votre pieuse assemblée), il m'a fait deux ou trois clins d'œil qui n'ont échappé à personne. Je ne serais pas étonné que le grégorien lui soit un aphrodisiaque et qu'il rêve de copuler sur l'autel d'une cathédrale le matin de Pâques. Lorsque son tour est venu, il s'est agenouillé devant Mère sans se départir de ce sourire à la fois candide et moqueur qui lui sert de bouclier. Mais le combat n'a pas eu lieu: Mère ne l'a pas regardé et il est retourné s'asseoir en tentant de dissimuler son embarras sous des airs de bravade peu convaincants. Tout cela était tellement triste, grotesque. J'ai pensé à ce demi-clochard de la rue Saint-Laurent qui, pour sauver la face, agitait quelques maigres billets devant le visage de celle qui venait de l'envoyer promener. Étienne ne l'avait pas volé, mais la dureté de Mère m'a semblé injustifiée. Tous les autres applaudissaient en secret le triomphe de leur reine, ce qui ajoutait à la sympathie que j'éprouvais pour Étienne. Depuis mon enfance, je n'ai jamais pu supporter qu'on maltraite, d'une façon ou d'une autre, les faibles, les démunis, les plus petits. J'ignore si ce trait de mon caractère s'explique par ma propre faiblesse, que certains pourraient rattacher à quelque atavisme québécois de la défaite, ou s'il procède au contraire d'un instinct de domination qui ne se manifesterait que dans le désir de protéger ceux que d'autres dominent. Je n'ai pas réussi encore à démêler tout cela, ce mélange de tendresse qui me porte vers les perdants et cette arrogance du joueur qui recherche et dédaigne la victoire.

Étienne, au fond, est l'un de ces malheureux innocents aussi maladroits dans la révolte que dans la soumission. Je ne pouvais accepter que Mère l'ait humilié. Tous avaient défilé devant elle et Chitkara, qui de son fauteuil dirige en silence la circulation, attendait que je m'exécute pour la libérer de ses fonctions. J'ai regardé Étienne qui feignait de lisser la culotte fripée de son pyjama, Mère impassible dans son sari doré, et je suis resté assis. Chitkara s'impatientait; non, je ne bougerais pas. Quand Mère est passée devant moi, j'ai baissé les yeux, le cœur voulait me sortir de la poitrine.

Les truites, plus nombreuses et plus belles au crépuscule, m'ont retenu près du lac. Je sais que la nuit est dans mon dos et que d'un instant à l'autre elle va noyer ce dernier morceau de lumière brune où je distingue encore ma ligne et mon ombre. Je suis pris au piège. Tout le jour, c'est elle que je taquinais au fond de l'eau. Maintenant, elle est là, derrière moi, et je ne pourrai plus y échapper... Viens, minet, je ne te ferai aucun mal. Combien tu as? Dix truites, disons que ça va suffire. Est-ce que tu parles français? Mais alors qu'est-ce que tu attends? Monte, ici on ne fait pas ça sur le trottoir. Attention à l'escalier, il manque une marche. Tu as le vertige ou quoi? Je ne te mangerai pas, je vais juste te faire frire un tout petit peu dans une belle petite casserole...

— Tu ne manges pas?

— Je n'ai pas faim.

— Qu'est-ce que tu as?

— Rien. La chaleur sans doute.

— Tu peux tout me dire, voyons! Qu'est-ce qui te tracasse? Pourquoi tu n'as pas fait le *darshan*, ce soir? Mère était si belle.

— Je t'en prie, Peter, parlons d'autre chose.

— Je te comprends. «We are put on earth a little space to learn to bear the beams of love.»

— C'est ton dernier poème?

— Alexandre, tu me flattes! C'est *The little black boy* de Blake.

— Et d'après toi, c'est ce que nous faisons à Pondichéry?

51

— Bien sûr, cher. Vois ce pauvre Louis aussi triste que le prince d'Aquitaine à la tour abolie, Véronique qui couvre Mère de cadeaux, François qui se ruine en pellicule pour un sourire de son idole, Hermann qui boude pour un *darshan* trop court...

— Et toi qui tiens la lyre pour que notre douleur traverse les siècles.

— Toi aussi, cher, tu souffres, je le sens, je le sais.

— Arrête, Peter, tu vas me faire pleurer.

— Et pourquoi voudrais-tu retenir tes larmes?

— Pour ne pas t'inspirer d'autres alexandrins.

— Tu es méchant, mais je t'aime beaucoup.

Peter est un jeune poète anglais né d'une mère comédienne et d'un père qui a fait carrière en Inde dans l'administration militaire du saint empire britannique. Il imite la Callas, adore les longues conversations ponctuées de citations, les êtres qui souffrent beaucoup et l'âme indienne, qu'il redécouvre en lui comme une enfance intacte. C'est certainement l'une des personnes les plus drôles que j'aie connues. Lorsque, vêtu de son ample tunique rose, il se prosterne devant Mère et par de savantes reptations parvient jusqu'à ses pieds, on croirait assister à la réconciliation de la Vierge et du serpent ou à la finale de quelque ballet dans lequel la bayadère meurt empoisonnée.

Le soir de mon arrivée à Pondichéry, il m'a invité au restaurant, a commandé les meilleurs plats et, après une brillante analyse du drame contemporain de l'artiste occidental dont j'étais — cela sautait aux yeux — l'une des plus pures victimes, il m'a déclaré son indéfectible amitié: «Dès que je t'ai vu descendre du *rickjaw*, sans te connaître je savais que nous serions liés pour toujours. Dans deux ans, dans dix ans, nous nous retrouverons dans cette ville, car nous ne pourrons plus désormais l'oublier.» François-le-frustre, comme l'appelle Peter, ne peut pas le supporter. Il lui reproche son ton déclamatoire, son maniérisme, son «exhibitionnisme d'homosexuel», et surtout le fait que Mère lui témoigne de l'affection.

— Veux-tu bien me dire ce qu'elle lui trouve à cette asperge?

— Il la fait rire et il y a peu de femmes, avatars ou non, qui résistent à ceux qui les font rire.

— On n'est pas ici pour rigoler! En tout cas, moi, les comédiens et les gens qui parlent comme des livres, ça ne me fait pas rire, ça ne m'inspire pas confiance.

— Ce n'est pas parce que Peter parle

comme un livre et qu'il vit sur une scène qu'il est incapable de vie spirituelle.

— Comment peut-on jouer et être sincère en même temps?

— En jouant très bien.

— Je ne comprends pas.

— Si la vérité c'est que nous jouons tous, ceux qui jouent le mieux sont peut-être les plus sincères.

— Tu parles comme lui, pour ne rien dire, comme un livre.

— Et qui a lu tout Shri Aurobindo?

— Moi.

— Eh bien, tu devrais relire ce passage où il dit que «Dieu n'aurait pas créé ce monde s'il n'avait pas eu le sens de l'humour».

— Je n'ai jamais lu ça.

— C'est que tu ne retiens que tes répliques.

*　　*　　*

Ce matin, après avoir fumé une cigarette et consulté le *Yi King*, je me suis assis au bout du jardin jusqu'à ce que le corbeau m'en déloge. Mon hexagramme («L'immobilisation, la montagne») traitait du problème de la paix que le cœur doit acquérir. Il est vrai que depuis quelque temps, je me suis éloigné de cette joie que j'éprouve surtout le matin et que je qualifie d'édénique parce qu'elle me rappelle l'oisiveté et les jeux de mon enfance dans les forêts de la Mauricie ou, qui sait, une enfance antérieure dans une île du Pacifique! La carte postale de Clara, le silence de Françoise (aurait-elle décidé de ne plus attendre?), ce chien sur la plage, la dernière visite d'Étienne... Je n'ai pas été assez vigilant. Ne plus me laisser envahir par ce qui s'impose à ma conscience avec toute l'autorité de ces «rappels à la réalité» dont les politiciens ont le secret.

Le palmier devant moi, la lumière encore fraîche sur mes mains, le bruit des vagues, les fleurs contre le rempart, la mer de l'autre côté, cette sensation, cette certitude que je suis depuis toujours dans cet instant, dans ce jardin, cela n'est-il pas aussi réel que le reste? Plus réel même? Attention aux victoires trop faciles! Ne pas me laisser distraire maintenant par le sentiment de ma joie. Immobilisation du cœur. Laisser circuler librement et s'évanouir en moi l'instant et ce qui le menace. Le cœur comme une montagne de roc qui filtre et épuise le temps. Quelques images: Délos au loin qui apparaît et disparaît selon les heures, un torrent qui se jette dans la rivière, le corps de Françoise au sortir de la mer. J'ouvre les yeux. Dans le ciel, des oiseaux semblent dormir. Un domestique muni d'un canif coupe ici et là l'herbe pourtant rachitique de la pelouse.

Le corbeau s'est posé sur le rebord du bassin. Il regarde distraitement les nénuphars, je fais celui qui n'a rien vu. Je m'allume une cigarette et il se retourne. Son regard ne me lâche plus. «Combien de temps peux-tu tenir sans fumer?» «Fous le camp!» Ma réponse ne le trouble guère. Aucun croassement, aucun mouvement, pas de commentaire! Il continue de me fixer comme si j'étais assis dans son nid. Je devrais lui tenir tête, mais je n'en ai ni le goût ni la force. Dès que je quitte ma chaise, il vient s'y percher. Je songe un instant à aller prendre sa place près du bassin, juste pour voir… Quand je suis devant Mère, il m'arrive aussi d'imaginer que je me regarde par ses yeux.

*　*　*

Trois inconnus sont venus m'arrêter. J'aurais tué quelqu'un. Mais qui? Un homme, une femme?

Ils me répondent de façon évasive, comme si la question n'avait aucune importance ou que j'en connaissais déjà la réponse. J'essaie de me souvenir et ne me souviens que des jours heureux que j'ai vécus avant leur irruption dans ma chambre: j'ai un travail, des amis, une voiture, une femme, un bureau, des livres… Qu'ai-je donc fait pour perdre tout cela? J'ai parfois voulu, je le reconnais, me soustraire à ce bonheur trop simple: qui n'a pas rêvé de passion, d'aventure, de solitude? J'ai souvent négligé certaines joies trop faciles: comment peut-on aimer ou respirer sans se répéter? Mais ce n'est pas une raison pour m'arracher à la vie. Est-ce un crime d'avoir gaspillé, au fil des ans, tous ces jours sans histoire qui brillent désormais au fond de ma mémoire comme une poignée de sous neufs, comme des pépites d'or? Serai-je privé de ma liberté pour ne pas en avoir assez joui? «Ça, ça ne nous regarde pas. Vous avez tué, on vous arrête.» Dites-moi, pourquoi aurais-je tué? On ne tue pas comme ça, pour rien, quelqu'un qu'on ne connaît pas, quelqu'un qui n'existe pas, hein? Qui m'assure que quelqu'un est mort? D'accord, j'avoue que j'ai toujours craint de tuer, comment dire, par distraction, et de me retrouver dans une cellule blanche sans porte ni fenêtre. Vous n'allez quand même pas m'inculper pour tous ces meurtres que j'ai commis en rêve. Celui qui tue en rêve, son rêve le réveille, le rend plus vigilant, non? Ne tue par accident, par distraction, que celui qui n'a jamais fait de tels rêves. «Vous raconterez tout cela à d'autres.» Puisque je vous dis que je ne suis pas coupable. Laissez-moi appeler tous ceux que j'aurais pu tuer et vous verrez bien qu'ils sont encore en vie, que je suis innocent. Non, je ne veux pas, lâchez-moi. J'ai tellement de choses à faire. Je vous promets que je ne recommencerai plus, je vous en supplie. Je vous préviens, si vous m'enfermez là-dedans, dans cinq minutes je serai fou. J'étouffe déjà. J'étouffe dans ma tête.

Je n'avais pas fait ce cauchemar depuis plus d'un an. Qu'est-ce que ça peut bien signifier? Moi qui ai la violence en horreur et qui n'ai connu qu'une vie bien rangée. Précisément, dit l'autre! Ce rêve sans doute trahit un attachement maladif au confort, un sentiment d'insécurité que ravive toute forme de changement. Mais pourquoi cette interprétation si transparente ne me satisfait-elle pas? Pourquoi cette impression qu'elle ne parcourt que la moitié de la distance qui me sépare d'une vérité, symbolique ou non, que le rêve me révèle brutalement? Si tel est le cas, combien de temps me reste-t-il pour franchir l'autre moitié?

LES SILENCES DU CORBEAU

*   *   *

Louis, qui s'élève ou s'enfonce de plus en plus dans «la voie sèche» malgré les exhortations de Peter à pratiquer «la voie humide» (plutôt l'offrande que le sacrifice), a décidé de renoncer à toute activité intellectuelle sous prétexte que lire et écrire nous «enchaînent au mental», nous «maintiennent dans les cavernes de la représentation». Après avoir sevré l'ego de ses nourritures terrestres (Peter: «Tu te rends compte, il n'a pas fait l'amour depuis six mois!»), il le prive maintenant de ses boissons les plus subtiles. «Tous ces livres, tous ces manuscrits... tu ne peux pas savoir de quel poids je me sens délivré!» Pour bien marquer le coup, il aurait aimé un petit autodafé discret au milieu du jardin. Mais comme les règlements du Guest House l'interdisent, Peter et moi n'avons pas eu trop de mal à le convaincre de nous faire tous profiter de sa conversion.

C'est ainsi que ce matin, après le petit déjeuner, nous étions quelques-uns à nous partager le contenu de deux boîtes que Louis avait déposées devant sa porte. Peter s'est empressé de sauver les poèmes de son ami.

— Au fait, demande François, quel règlement lui interdit de tout déchirer?

— Un règlement que tu ne pourrais pas lire même s'il était écrit en lettres géantes sur la muraille de Chine, répond Peter.

— Cette scène ne vous rappelle rien? demande à son tour Hermann.

— Oui, dit Véronique, les «yard sales» du Vermont.

J'hérite d'une vieille édition de la Gita, d'une biographie de Ramakrishna et d'un recueil de Elytis que je feuillette pendant que les autres se disputent les restes de Louis. Je tombe sur le poème intitulé «L'ignorant et la belle»: *Loin de la peste des cités, j'ai rêvé auprès d'elle un désert où les larmes n'avaient pas de sens et où la seule lumière soit celle du bûcher dévorant tous mes biens.* Je ne peux m'empêcher de penser à l'inutilité de tous ces bûchers que les rêves allument en nous. Et pourtant nous continuons de vouloir mourir une fois pour toutes, être pure lumière, pur silence. Je poursuis ma lecture — est-il possible de ne plus rêver? — heureux comme un enfant, un voyageur qui part sans songer au retour: *Et une incroyable pureté laissait voir, tout au fond de son être, le véritable paysage.*

*   *   *

Je me suis présenté devant Mère résolu à forcer son regard, les vers de Elytis m'ayant confirmé dans ce sentiment que je ne pourrais jamais me détacher d'elle si je ne parvenais pas à surmonter cette peur de mourir qui brouille «le véritable paysage». Lorsque j'essaie de cerner l'objet fuyant de cette espèce de contemplation à laquelle je me livre depuis plusieurs semaines, je ne peux qu'évoquer des souvenirs d'enfance tout aussi fuyants: je regarde l'eau en oubliant que je suis en train de pêcher, je m'évade de la classe par la fenêtre qui donne sur les champs, je m'endors les yeux ouverts sur mon livre de contes. Mais tous ces états de passage vers «le véritable paysage» ne me renseignent guère sur celui-ci. Où étais-je pendant ces instants? Que serait-il arrivé si le cri d'un huard, le frétillement d'une truite, la voix de l'institutrice ou le sens des mots ne m'avaient repêché? Aucune science-fiction, aucun poème ne peut répondre à cette question, car le temps et l'espace où voyage «l'enfant qui est dans la lune» sont aussi près et aussi loin que cet arbre, ces vagues et ce ciel que je regarde et qui tour à tour parlent et se taisent, me promettent toutes les réponses ou me les refusent. De même, le regard de Mère comble ou déçoit toutes les attentes. Selon les jours (la différence entre le ciel et l'enfer très souvent tient à un seul battement de paupières), les disciples concluent au pouvoir de Mère ou à leur propre faiblesse.

Les *darshans*, quant à moi, provoquent deux types d'expérience: ou Mère me renvoie une image plus ou moins agréable de moi-même, ou elle me laisse passer et je sombre dans un miroir sans tain, comme ç'a été le cas cet après-midi. Je me suis retrouvé au fond d'une forêt inconnue (tropicale?) baignant dans un drôle de crépuscule: la nuit ne tomberait pas et pourtant elle était déjà là. J'avançais dans la forêt, mais n'était-ce pas plutôt un faisceau de flammes brunes quelque part au centre de ma poitrine? Je cherchais une idole (le mot m'a traversé l'esprit et me frayait la voie) que je savais être une statuette d'ébène et une femme dont le souffle me touchait le front. Au risque de faire sourire tous les toxicomanes ou les mystiques, j'avoue que je ne m'étais jamais aventuré aussi loin dans le temps, aussi près de mon corps. Au commencement était la nuit qui depuis me consume en silence.

*　　*　　*

Aujourd'hui, visite du marché en compagnie de Mitra. Ce jeune homme venu du Nord pour étudier à l'Alliance française est l'un des rares Indiens à fréquenter Mère et ses disciples du Guest House. Discret, affable, toujours vêtu malgré la chaleur d'une chemise et d'un pantalon pressés de façon impeccable, son raffinement contraste avec nos allures de touristes qui découvrent et commentent bruyamment la spiritualité locale dans le confort des shorts, des t-shirts et des *lungis* (tissu de coton de longueur variable qu'on noue à la taille). Lorsqu'il vient aux méditations, il m'est difficile d'oublier sa vieille bicyclette appuyée contre les boeings qui nous attendent à la sortie. Il rêve de partir pour l'Europe ou l'Amérique et espère sans doute apprendre de nous le moyen d'y parvenir. Comment devient-on blanc, riche et libre? Cette question, je crois la lire parfois dans son regard, qui est pourtant d'une telle sérénité que je me demande comment il est possible d'être pauvre, intelligent, sensible et de ne pas hurler.

Au retour du marché, nous nous arrêtons à sa chambre, sorte de placard percé d'une minuscule fenêtre donnant sur la villa d'une vieille Française désagréable qu'il tient à me présenter. Elle nous sert le thé, parle de sa fille qui rentre bientôt de Paris, fait l'éloge de Mitra qui est «presque son fils» et qui «réussit si bien à l'école». Tout ceci sur une terrasse qui fait face à cette cel-

lule dont je n'arrive pas à chasser l'image:
au-dessus d'un lit de camp, une étagère couverte
de quelques livres français et anglais, près de la
porte, quatre pantalons et quatre chemises suspendus à une tringle rouillée.

— Tu n'as pas de table de travail?

— Je n'en ai pas besoin puisque je fais tous
mes travaux à l'Alliance.

— Tiens, tu lis les *Karamazov*?

— Oui, mais la bibliothèque n'a pas le
deuxième tome!

— Combien de roupies tu paies pour ça?

— Trois cents et j'ai droit au jardin.

Pendant que la vieille continue de faire la
navette entre Paris et Pondichéry sous le regard
admiratif de Mitra («Tu verras, mon petit, tu verras»), je me dis que les colonies dureront aussi
longtemps que les illusions qu'elles exploitent.

— Tu ne pourrais pas trouver mieux pour le
même prix?

— Oui, mais je n'aurais plus l'occasion de
parler avec Mme Berger.

— Écoute, ton français est déjà excellent.

— C'est qu'elle me corrige beaucoup, tu
sais.

Pour la première fois de ma vie, je crois, j'ai
souhaité avoir un accent encore plus fort et une
langue moins châtiée.

* * *

La plage sablonneuse qui s'étend sur des kilomètres est presque toujours déserte, sauf le matin et
en fin d'après-midi lorsque les pêcheurs réparent
leurs filets ou qu'une poignée d'enfants nus viennent se baigner. Défiant le soleil qui oblige aussi
bien les Indiens que les étrangers à faire la sieste
jusqu'à quinze heures, j'ai pris l'habitude de longues promenades ponctuées de quelques plon-
geons. Si je devine, au loin, une silhouette
accroupie, je ralentis le pas et tourne les yeux vers
le large. On m'avait prévenu: «L'Inde est un
pays de merde et d'encens.» Cela ne me choque
pas mais entrave sérieusement le déroulement de
ma pensée. Pas question de s'abandonner naïvement aux grandes rêveries intemporelles que sus-
cite le pittoresque des lieux: gare au promeneur
qui ne regarde pas où il pose les pieds.

Je constate d'ailleurs qu'il est moins facile de
m'évader ici que sur une plage encombrée des
États-Unis. J'éprouve au cours de ces promenades la vague lassitude de celui qui au sortir d'une
nuit blanche ne sait plus trop bien s'il s'éveille ou
s'endort.

«Il n'y a pas d'inconscient en Inde puisqu'il
s'étale en plein jour.» Je commence à comprendre

un peu mieux ce que voulait dire par là une amie de Françoise qui avait séjourné à Bombay. Après tout, c'est peut-être cela, la sagesse: l'impossibilité d'imaginer. Quoi qu'il en soit, j'ai l'intention de continuer mes promenades. Les couleurs fades du sable et de l'eau sous le soleil, la nudité du paysage réduit à quelques traits, comme un rêve sans images, un désir sans objet… J'ai besoin de cela, de cette prose qui me déçoit et me purifie. Moi qui ne connais que la ferveur et la nostalgie des aubes et des crépuscules, qui ne recherche que la complicité des jardins et des forêts, qui ne demande à l'amour qu'un peu d'ombre mêlée à beaucoup de mots, n'est-il pas temps que je traverse ce désert qu'est le milieu du jour? Oui, c'est ce que je veux et ce que j'attends, à tort ou à raison, de la plage déserte ou du regard muet de Mère.

* * *

Thérèse et Véronique ont décidé d'offrir un châle à Mère, mais il leur manque environ cent roupies. Après le petit déjeuner, Véronique sollicite notre contribution. Étienne, qui est venu prendre le café au Guest House, ne peut rater une si belle occasion de railler gentiment son ancien commerce.

ÉTIENNE

Dites-moi, est-ce que les *darshans* et les *pranams* sont encore gratuits?

VÉRONIQUE

Mère ne demande rien, tu le sais bien.

ÉTIENNE

Et c'est pourquoi peu à peu vous lui donnerez tout, un châle, des bijoux, une maison...

LOUIS

Où est le mal?

ÉTIENNE

Je n'ai pas dit que c'était mal.

VÉRONIQUE

Mais c'est ce que tu insinues.

FRANÇOIS

Quelle sorte de châle?

VÉRONIQUE

En cachemire.

FRANÇOIS

Rien de trop beau, hein?

VÉRONIQUE

Personne ne t'oblige.

FRANÇOIS

Tu peux être sûre! Les photos me coûtent déjà assez cher.

VÉRONIQUE

C'est que ça te fait plaisir, non, de passer des matinées avec elle?

LOUIS

Et tout ça pour des photos que je trouve franchement mauvaises.

FRANÇOIS

Qu'est-ce qu'elles ont, mes photos?

LOUIS

Elles sont vulgaires. Tu fais de Mère une sorte de
star. En tout cas, je te préviens, je n'en achète
plus.

FRANÇOIS

T'es pas obligé.

PETER

Je crois que nous nous égarons. La question que
soulève Véronique ou plutôt Méphistophélès par
la bouche d'Étienne...

FRANÇOIS

Encore un discours!

PETER

Laisse-moi finir, cher, si tu ne veux pas que je sois
long. La question, disais-je, est de savoir quelle
est la relation que nous avons avec Mère. Étienne
prétend que, comment dire...

ÉTIENNE

Que tout se paie! Bordel, église ou ashram, tout
est commerce. Seuls le prix et la marchandise
varient, et encore!

PETER

C'est un peu cru, non?

ÉTIENNE

C'est la vérité. Un bouquet de fleurs pour un regard, un châle pour un sourire, un sari pour une parole. C'est dans l'ordre des choses.

VÉRONIQUE

Qu'est-ce que tu veux dire?

ÉTIENNE

Que Mère vend ses grâces comme d'autres leur corps.

PETER

Et moi je dis qu'il ne faut pas confondre l'amour avec les moyens imparfaits par lesquels il s'exprime.

ÉTIENNE

C'est ce que disent toutes les religions et c'est ainsi qu'elles font fortune.

HERMANN

Moi, je lui offre des fleurs chaque semaine et je n'ai jamais eu l'impression de vouloir l'acheter.

LOUIS

Tout ça est un faux débat. Maître Eckart l'a dit, ce ne sont pas nos actes qui nous sanctifient mais nous qui sanctifions nos actes.

FRANÇOIS

Ça ne t'avance pas à grand-chose de donner tes livres si tu les as appris par cœur.

VÉRONIQUE

Que chacun agisse selon sa conscience!

ÉTIENNE

Que chacun donne selon ses moyens, le prix d'entrée est laissé à votre discrétion.

VÉRONIQUE

Ce n'est pas ce que j'ai dit.

PETER

Tu ne dis rien, Alexandre? Qu'est-ce que tu en penses?

J'ai répondu que je n'en pensais rien, qu'il était encore trop tôt pour nous prononcer sur l'usage (le mot a choqué tout le monde, sauf Étienne) que nous faisions de Mère, et que j'étais

71

prêt à cotiser pourvu que le don soit anonyme. Bref, je m'en suis assez bien tiré, mais je ne pourrai pas repousser indéfiniment cette question à laquelle je n'ai fourni jusqu'à présent que des réponses plus ou moins évasives: qui est cette jeune fille et que faisons-nous à ses pieds? Étienne prévoit une escalade du sentiment religieux suivie de son inévitable dégradation mercantile, ce qui suppose que ni Mère ni ses disciples n'auront la lucidité nécessaire pour éviter le plus vieux piège du monde, à savoir l'exploitation de l'amour reçu ou donné. Si tel est le cas, le pire est à craindre car personne ne pourra supporter d'avoir été trompé par l'autre ou par ce qu'il croyait être la meilleure part de soi.

J'en parle comme si cela ne me concernait pas, sans doute parce qu'ayant moins donné, j'imagine qu'il me sera plus facile de me retirer. Cette liberté est peut-être illusoire, mais je ne pense pas que la confirmation, sous une forme ou une autre, d'une éventuelle trahison de Mère me troublerait au point de remettre en question cette recherche que je poursuis auprès d'elle. Que m'importe qu'elle soit un avatar ou la caissière de Chitkara, si elle me permet d'explorer les sommets et les abîmes qui me composent! Est-ce ainsi que raisonne Étienne lorsqu'il célèbre l'héroïque solitude des bordels? J'avoue que je suis enclin à penser que l'amour ou la méditation sont des exercices de connaissance dont l'efficacité n'a rien à voir avec le choix de l'instructeur. Dans un petit village entre Madras et Pondichéry, près de la fontaine publique où des femmes s'affairaient au milieu des cruches, j'ai vu une jeune femme immobile et silencieuse dont le regard était pareil à celui des statues. Elle était si belle que j'ai demandé au chauffeur de taxi de s'arrêter, mais lui, croyant que je voulais boire quelque chose, m'a répondu qu'il préférait s'arrêter au prochain village. Trois heures plus tard, aux pieds de Mère, c'est d'abord le visage de cette femme que j'ai vu.

Mais alors, si n'importe qui peut faire l'affaire, si l'autre n'est qu'un miroir, pourquoi suis-je partagé entre deux femmes? Poser la question, comme toujours, c'est y répondre: parce que je ne sais pas encore laquelle me réfléchit le mieux.

*   *   *

Pendant que je faisais la queue à l'un des nombreux guichets de la poste dont je n'ai pas réussi à comprendre le fonctionnement (les timbres de six roupies ne seraient en vente qu'au guichet numéro trois, les mardis et les jeudis de dix heures à midi!), un Indien dans la trentaine, assez pauvrement vêtu d'une chemise à carreaux orange et d'un pantalon noir, tirait nerveusement sur sa cigarette sans me quitter des yeux. Il se tenait entre deux files d'attente à quelques pas derrière moi et toussotait discrètement pour me rappeler sa présence. Je continuais d'avancer lentement vers le mystérieux guichet des tarifs aériens, agacé de me sentir ainsi observé.

Que peut-il bien me vouloir? De l'argent? Il l'aurait déjà demandé. Des cigarettes? Il en a plein les poches. Il attend vraisemblablement que j'aie terminé pour engager la conversation. Mais pourquoi ne me parle-t-il pas maintenant, qu'a-t-il donc à me dire de si confidentiel? Je risque un regard dans sa direction et me fais aussitôt piéger par ses deux petits yeux noirs, vifs et exaltés, dont le clignement me manifeste une reconnaissance sans bornes. La scène devient grotesque. J'ai beau ne pas le regarder, je sais qu'il me sourit de toutes ses dents jaunes, que dans quelques instants il va se dandiner tout près de moi et m'offrir une cigarette pour le plaisir de l'allumer avec son précieux briquet plaqué or.

Oui, oui, je suis Américain (je ne vais quand

même pas le décevoir) et je connais Anthony Perkins, personnellement non, mais j'ai vu ses films (son visage s'assombrit, se durcit), c'est-à-dire que je le connais un peu, je l'ai rencontré une fois ou deux (il s'anime à nouveau) il y a quelques années quelque part à Cape Cod, près de Boston (stupeur), oui je sais, il habite Hollywood mais il passe ses étés à Cape Cod (l'explication le satisfait), non je ne sais plus où il vit maintenant, probablement à Hollywood, ah bon il a quitté Hollywood, je ne savais pas, c'est vrai que c'est une ville corrompue, il serait en Europe, en Suisse et vous avez perdu sa trace, je suis désolé de ne pouvoir vous aider, je m'excuse mais puis-je savoir pourquoi vous voulez le retrouver (il me présente ses deux profils, puis me fixe, l'air affolé):

— Vous ne voyez pas que...

— Oui, en effet, c'est...

— Vous aussi, hein? Tout le monde trouve que cette ressemblance est frappante.

— C'est tout à fait inouï!

— Vous comprenez, il faut absolument que je le retrouve. Si seulement je savais dans quel pays! J'ai déjà ramassé l'argent pour l'avion, vous savez.

— Écoutez, dès que j'ai des nouvelles de lui, je vous fais signe. Où puis-je vous contacter?

— À la poste, tous les matins. Je ne sais

comment vous remercier, vous imaginez la tête qu'il fera!

Et, tout heureux, il s'éloigne en sifflant.

* * *

«Mieux vaut pour chacun sa propre loi d'action, même imparfaite, que la loi d'autrui, même bien appliquée.» Cette phrase de la Gita ne m'apprend rien de neuf. Je veux bien suivre ma loi mais encore faudrait-il que je la connaisse! De là ma difficulté à prendre une décision, mon sentiment de n'être jamais à la bonne place. À la banque ou au supermarché, je «choisis» immanquablement la file d'attente la plus longue; une fois sur deux, j'achète un vêtement dont la taille n'est pas la bonne; si je pratique un sport, je regrette celui auquel j'ai dû renoncer; je suis le cauchemar des vendeuses et des serveurs, l'imprévisible et le contradictoire. Bref, il suffit que je m'engage dans une voie pour qu'une autre me sollicite, je passe de l'ascèse à la passion, du ciel à la terre, du rire aux larmes comme un comédien qui change-rait de masque au beau milieu d'une représentation. Clara et Françoise en savent quelque chose. Celui qui ne connaît ni sa loi ni sa taille ne peut que s'égarer, semblable à ces âmes qui, dit-on, sont condamnées au cycle des incarnations jusqu'à ce qu'elles aient accompli leur destin.

Je ne crois pas tellement à la réincarnation, mais je sais qu'il est possible de rater sa vie et que la meilleure façon de le faire c'est d'ignorer sa loi ou de ne pas s'y soumettre. J'envie ces êtres dont l'existence, difficile ou non, semble obéir à une règle simple: «Tu feras ceci et cela parce que telle est ta loi.» Et ils font leur vie comme on s'acquitte consciencieusement d'une tâche. Je pense à mes parents qui ont fait ce qu'ils avaient à faire et qui s'apprêtent à remettre leur copie sans se soucier de la note qu'ils vont recevoir. Si on leur avait dit qu'ils avaient le droit d'écrire dans la marge, ils auraient été aussi étonnés que d'entendre dire qu'«il faut maintenant à la fois être et ne pas être» ou que leur fils s'est noyé en tentant de marcher sur les eaux.

Évidemment, il ne me sert à rien d'envier le destin de mes parents ou de qui que ce soit. «Mieux vaut pour chacun sa propre loi...» Mais qui dicte à chacun sa loi? Et surtout comment peut-on l'entendre? Bienheureux ceux qui dès leur enfance n'entendent qu'une seule voix, bienheureux ceux qui trouvent sans chercher. Je

pleure encore un peu sur moi, je relis le verset de
la Gita et tout à coup un mot retient mon attention: «Mieux vaut pour chacun sa propre loi d'*action*...» Je ne serais pas étonné d'apprendre que je
suis né un dimanche, jour de repos, marge dans
laquelle s'arrête et se réfléchit le temps. Cette
oisiveté, où d'autres trouvent la réponse aux
questions qu'ils n'ont pas eu le temps de se poser,
plonge tous ceux de mon espèce dans l'inquiétude
des questions qu'ils n'ont pas eu le temps de
mûrir (qui sommes-nous, d'où venons-nous, où
allons-nous?). C'est ainsi que peu à peu la mort
les torture pendant que le paysan endimanché
s'endort sur la galerie en croisant ses mains
rugueuses sur son unique chemise blanche.

*   *   *

Je n'avais pas revu Étienne depuis l'incident du
châle et il n'avait pu alors me parler ouvertement
de ce rendez-vous au bordel auquel je m'étais
dérobé. Aussi ai-je pensé, quand il a frappé à ma
porte ce matin, qu'il reviendrait à la charge.
C'était mal le connaître et sous-estimer sa vaste
expérience de pêcheur d'âmes qui sait changer

d'appât, attendre son heure et noyer le poisson. Embarrassé, je me suis excusé de lui avoir fait faux bond, ce qui était ridicule puisque je n'avais pas accepté son invitation, comme il me l'a d'ailleurs fait remarquer. Conscient que mes excuses trahissaient un certain regret, sinon un malaise, il s'est excusé à son tour d'être venu me chercher chez Mère, me rappelant ainsi fort habilement les points qu'il avait marqués dans son apparente défaite: refuser le *darshan*, n'était-ce pas déjà, de ma part, consentir au bordel, pourquoi avais-je baissé les yeux quand Mère était sortie? Étienne, plus souriant que jamais, m'a aussitôt tiré de cette réflexion avant que je la retourne contre lui: il n'était pas venu pour cela (entre parenthèses, je n'avais rien raté car les hôtesses, ce soir-là, étaient plutôt moches), mais pour me demander de corriger un poème qui lui tenait particulièrement à cœur. Bien sûr, ce texte n'avait aucune prétention littéraire, c'était la simple relation d'une de ses expériences survenues après l'illumination africaine qui lui avait valu la foudre des fonctionnaires. Mais qui l'assurait que je serais plus clairvoyant qu'eux?

— Voyons, Alexandre, tu n'as rien à voir avec ces imbéciles qui ramènent tout à leur propre vulgarité. Et puis, c'est un poème sur les libellules.

— Si ce n'est pas vraiment un poème, pourquoi tiens-tu à le corriger?

— Juste les fautes de français.

— D'accord. Et une fois corrigé, que devient ce poème qui n'en est pas un?

— Je vais le publier à compte d'auteur.

— Tu vas publier un seul poème?

— Non, ce poème va faire partie d'un livre.

— Que je vais corriger?

— Si tu veux, ça me rendrait service. C'est très important pour moi.

— Qu'il n'y ait pas de fautes?

— Oui, mais surtout que tu le lises et que tu me dises ce que tu en penses.

— Est-ce que tu vas l'illustrer des fameuses photos dont tu m'as parlé?

— Non, ça risquerait de fausser la lecture, d'effrayer inutilement le lecteur.

— Tu as raison, vaut mieux s'en tenir aux libellules.

— De toute façon, je n'ai plus ces photos et j'ai perdu les négatifs.

— Tant pis, le lecteur se contentera, une fois de plus, de sa chambre noire.

Le texte, qui comprenait une dizaine de pages, racontait comment le narrateur, mû par une main invisible, avait décidé un dimanche matin (tiens, tiens!) d'enfourcher sa mobylette pour une promenade le long du fleuve. Fasciné comme tous les êtres, écrivains ou non, par l'énigmatique transparence de l'eau (thèmes: invitation au voyage, dissolution du moi, appel des profondeurs), il attend près du rivage qu'une pirogue, mue par une autre main invisible, s'offre à sa contemplation. Le je y monte, mais voici que la pirogue s'enfonce dans les joncs au lieu de gagner le large et de mettre le cap sur la mort, comme le font toutes les bonnes embarcations mythiques. Le timonier est alors assailli par un essaim de libellules rouges (thème: ravissement, assomption, extase). Flash-back sur une libellule rouge que le poète avait jadis rencontrée dans un jardin et dont il était tombé follement amoureux (thème: je t'apprivoise, tu m'apprivoises). Il la croyait unique, elle était plus belle et plus nombreuse que jamais. De retour à la maison, le héros a l'intuition qu'il sera chassé de ce pays et que la vie ne sera plus la même (thèmes: le hasard et le destin, l'amour, l'exil).

Pourquoi la lecture de ce texte, qui n'avait de poétique que les thèmes et la disposition typographique, m'a-t-elle tant agacé? Après tout, ce n'était pas la première fois que je lisais de la prose poétique médiocre ou maladroite. Étienne m'avait prévenu, ce n'était pas de la littérature, et il avait raison: malgré les références explicites

au *Petit prince* et quelques réminiscences littérai-
res, la naïveté de son texte était réelle et le mettait
à l'abri de tout jugement esthétique. Étienne
racontait tout simplement ce qu'il avait vécu,
comme d'autres photographient un coucher de
soleil avec un Polaroïd. C'était donc moi qui
avais prêté à l'auteur des intentions poétiques,
qui avais mis de la littérature là où il n'y en avait
(presque) pas pour mieux justifier la violence de
ma réaction. Mais alors pourquoi Étienne
m'avait-il donné à lire un texte grammaticale-
ment impeccable dont il connaissait par ailleurs la
faible valeur littéraire? La réponse était simple:
l'absence d'intention poétique cachait une intention apostolique. Étienne voulait non seulement
que je le confesse («juste les fautes») mais surtout
que je l'absolve («tu n'as rien à voir avec tous ces
imbéciles»), autrement dit que je me convertisse à
ses fautes («tu me diras ce que tu en penses»). Il
refuse nos prostituées, jetons-lui nos libellules!
J'avais bien flairé la manœuvre, mais comme
toujours j'ai la fâcheuse manie de me détourner
de mes intuitions en les exprimant. Si l'évangile
d'Étienne m'avait troublé, cela ne signifiait-il pas
que j'étais presque déjà converti?

Cette idée était ridicule! Je suis sorti de ma
chambre et d'un pas faussement désinvolte je me
suis dirigé vers la plage. Quelqu'un derrière moi,

j'en étais sûr, s'amusait à imiter ma démarche.
Quand je me suis retourné, le corbeau évidemment s'était envolé.

*   *   *

Toujours pas de lettre de Françoise. Elle attend
sans doute que je lui écrive mais j'en suis incapable. On dirait que rien n'a plus d'importance. Je
me laisse bercer par la facilité des jours, tel un
naufragé sur son île, heureux de faire des châ-
teaux dans le sable et de converser avec les
oiseaux. J'ai beau me dire que j'avais besoin de ce
doux sommeil après des mois de nuits blanches à
ressasser l'obscurité des cœurs (le mien, le tien, le
sien), je crains néanmoins de me réveiller brusquement encore plus démuni.

Je m'efforce de tenir ce journal dans l'espoir
d'y voir un peu plus clair, mais les mots, c'est
bien connu, dissimulent plus qu'ils ne dévoilent.
J'écris Françoise, Clara, et voici qu'elles dispa-
raissent dans leur nom, aussi lisse qu'une pièce de
monnaie dont le temps aurait complètement
effacé l'effigie. Confier sa vie aux bons soins des

mots est sans doute aussi ridicule que d'attendre du hasard l'amour ou la fortune. Je sais de quoi je parle: combien de fois ai-je joué (littéralement) Françoise et Clara à pile ou face!

Je ne serais pas étonné, à mon retour, de me retrouver seul. En tout cas, je ne l'aurais pas volé. S'il est vrai que «nous sommes sur la terre pour apprendre à supporter les rayons de l'amour», je dois reconnaître que j'ai peu appris. Disons les choses crûment: j'appartiens à ces êtres privilégiés (?) que les rayons de l'amour n'ont fait que réchauffer. Aimer sans être aimé, ce bûcher où le cœur se consume m'aura été épargné. Lorsque je songe à ceux et à celles que mon indifférence ou ma cruauté ont conduits à un tel bûcher, j'envie presque leur sort. La parabole de l'enfant prodigue qui ne voulait plus être aimé, Nietzsche jetant son esprit dans les flots de la Méditerranée, je comprends cela, ce désir de mourir d'une façon ou d'une autre pour renaître indestructible de ses cendres. Si je n'ose pas encore appeler sur moi cette nuit, je sens qu'elle approche, je sais que mon tour viendra.

*   *   *

Depuis quelques jours, Louis semble avoir repris du poil de la bête. Il ne s'enferme plus dans sa chambre, fréquente les mêmes restaurants que nous, offre des guirlandes de fleurs à Mère et sourit lorsque je le taquine sur la miraculeuse repousse de ses cheveux. Kali a desserré son étreinte, l'enfant respire à nouveau. Il a même recommencé à écrire mais, craignant «les pièges du mental», il se défend bien d'écrire autre chose que des prières. Décidément, tous les convertis écrivent sans écrire.

— Dis-moi, quelle différence y a-t-il entre une prière et un poème?

— Une différence énorme! Le poème est sa propre fin, il ne recherche que son plaisir alors que la prière n'est qu'un moyen de parvenir à la plus haute connaissance, à la fusion divine.

— N'est-ce pas, à peu près, la même distinction que tu faisais entre la prose et la poésie?

— C'est que je ne savais pas alors ce qu'était la prière.

— Autrement dit, le poème serait la purification de la prose et la prière la purification du poème?

— Écoute, Alexandre, parlons d'autre chose. Ces discussions ne mènent nulle part, ça embrouille tout pour rien.

— D'accord, mais dis-moi ce que serait,

selon toi, la purification de la prière.

— Je t'ai dit de parler d'autre chose.

— Ne crois-tu pas que la prière, écrite ou mentale (et peut-être faudrait-il aussi les distinguer), est encore quelque chose d'impur?

— Où veux-tu en venir?

— À ceci, que c'est toujours quelqu'un qui prie, que le sujet s'affirme encore même dans son désir de dissolution et que la prière finalement est peut-être le refuge le plus subtil de l'ego.

— C'est l'intellect qui se pose ces questions, pas le psychique. La réalité est beaucoup plus simple. Quand tu es devant Mère, par exemple, est-ce que tu te poses ces questions?

— Oui, très souvent. Il m'arrive même de penser que Mère me reproche d'être là devant elle, comme un...

— Allez, dis-le.

— Comme un nourrisson.

— Nourrisson, c'est un beau mot; c'est ainsi qu'on désignait autrefois les poètes.

— Je pensais plutôt à un bébé qui tète.

— Mais tu as parfaitement raison: nous sommes tous des enfants!

— C'est bien ce qui m'inquiète.

— Ne t'en fais pas, on passe tous par là, c'est normal.

C'est ainsi que Don Quichotte, roué de

coups et à moitié mort, rassure le pauvre Sancho:
«Ne t'en fais pas, c'est toujours comme ça que ça
se passe dans les romans de chevalerie!» Louis ne
semble pas avoir beaucoup réfléchi à l'épreuve
qu'il vient de traverser. Que Mère se soit détour-
née pendant un certain temps de son disciple le
plus fidèle ne signifie-t-il pas qu'elle souhaite
nous voir se détourner d'elle? Qui nous assure
que la simplicité et l'innocence soient la meilleure
approche de ce qu'on appelle le divin? Je pense
que si Nicomède avait eu l'âge de Louis, le Christ
aurait exigé qu'il devienne d'abord un vieillard.
Que l'enfant prête ses yeux au vieillard qui le
guide et non l'inverse! Car enfin, ou «le royaume
du Père» est la plus haute connaissance qu'il nous
soit donné d'atteindre ou c'est une garderie. Il est
vrai que nous sommes ici au «royaume des
Mères» et que nous préférons ignorer qu'un jour
nous en serons chassés.

*   *   *

Cinq heures quarante-cinq. Je me lève et me
dirige vers la salle de bains. Sur la table de travail,

mon journal fait une tache sombre. Je le referme et me glisse sous la douche. Dans le demi-sommeil de l'eau tiède flottent encore des bribes de rêve: un vieillard et un enfant traversent une forêt infestée de tigres... Françoise et Clara dorment côte à côte mais elles ont échangé leur nom... Je prends l'avion pour Montréal et m'aperçois que j'ai oublié mes bagages et mon billet... Je ferme le robinet, j'ouvre les yeux et regarde par la fenêtre qui découpe dans le ciel et la mer de quoi éponger la nuit. Comment résister à cette magie, qui change les tigres en taches de lumière et l'esprit agité en un «toit tranquille où marchent des colombes»?

La salle à manger est presque déserte. Véronique a déjà commencé à interroger son oracle de poche. Je m'assois à la table voisine et l'observe discrètement. Après avoir tracé le dernier trait, elle parcourt rapidement la description et le commentaire de l'hexagramme, fait la moue, vérifie l'exactitude de son calcul, repousse dédaigneusement le livre et se tourne vers moi, désespérée.

— Quelque chose qui ne va pas?
— Le vingt-neuf!
— Hum!
— Avec le six en haut.
— Ah bon! ce n'est pas si grave alors.
— Tu veux rire, c'est le pire aspect de «L'in-

sondable»: ça signifie non seulement que je suis dans l'abîme mais que je ne pourrai pas en sortir avant trois ans.

— Qu'est-ce que tu dois faire?

— Je ne sais pas, mais il n'est pas question que je rentre à Montréal à la fin du mois. Je n'ai pas envie de retomber dans cet enfer.

— Excuse-moi, mais l'hexagramme ne dit-il pas que tu es déjà dans l'abîme?

— Oui, mais ici, au moins, il y a Mère.

— Hum!

— À quoi tu penses?

— À Œdipe qui provoque le pire en voulant l'éviter.

— Cesse de dire des bêtises et lance les sous.

Je tire le trente-trois «La retraite», dont le jugement me convient parfaitement: «La situation est telle que les forces hostiles avancent, favorisées par l'époque. Dans ce cas, la retraite est l'attitude correcte, et c'est précisément par elle qu'on parvient au succès.»

— Alors?

— Ça répond à la question que je me posais. Le *Yi King* dit que j'ai bien fait de venir ici, que cette retraite m'était nécessaire.

— Et pour moi cette retraite serait un gouffre!

— Oui, il est fort possible qu'un même lieu,

qu'une même situation soit pour l'un un bien, pour l'autre un mal.

— Bref, le *Yi King* peut dire n'importe quoi et ne jamais se tromper.

— Ce n'est pas pour rien que c'est «Le livre des transformations».

*   *   *

Dès mon arrivée, j'ai été frappé par la beauté des enfants, qui m'a semblé la seule richesse, éphémère et inépuisable, de l'Inde. On dirait d'ailleurs que les Indiens, quel que soit leur âge, ne vieillissent pas: ils naissent et ils meurent, le temps ne se mesure pas en années mais en morts et en naissances. Autrement dit, les corps ne sont que des vêtements dont l'âme change quand bon lui semble. Shri Aurobindo, philosophe contemporain que cette ville vénère, a écrit que «Dieu est un enfant éternel jouant à un jeu éternel dans un éternel jardin». D'où sans doute la mystérieuse sérénité des Indiens qui nous apparaît, à nous Occidentaux, une forme d'inconscience ou de résignation. Je me souviens de m'être demandé, un jour, à la lecture d'une nouvelle de Naipaul, comment il était possible que quelqu'un qui dormait dans un placard à Bombay puisse étouffer dans un appartement luxueux à Washington. S'il m'arrive de me poser encore de telles questions, de me demander à quel jeu joue le divin dans la chambre de Mitra ou dans les égouts à ciel ouvert qui embaument la ville, j'avoue pourtant que je suis très peu sensible à la misère qui s'étale à chaque coin de rue. Bien sûr, la bonne conscience du touriste a intérêt à ne rien voir et Pondichéry, comme me le répète Mitra, ce n'est pas vraiment l'Inde. «Attends de voir Bombay ou Calcutta!» Mais comment expliquer, par exemple, mon indifférence à l'égard des nombreux infirmes et lépreux que je croise tous les jours, sinon par le fait qu'eux-mêmes semblent indifférents à leur propre malheur? Moi qui, à Montréal, ne peux voir un simple clochard sans aussitôt m'apitoyer sur son sort, je ne donne aux mendiants assemblés devant le temple de Ganesh qu'un regard plus ou moins distrait et parfois quelques roupies. J'ai beau me dire qu'il s'agit d'un mécanisme d'autodéfense (plus la misère est insupportable, plus on l'ignore), j'ai néanmoins l'étrange impression que personne ici, y compris les mendiants, ne désire quoi que ce soit.

J'ai ressenti cela pour la première fois dans le

taxi qui m'amenait de Madras à Pondichéry. De chaque côté de la route s'étendaient des champs brûlés par le soleil et d'où surgissaient, tel un mirage, un paysan derrière sa charrue, quelques arbres, des corbeilles flottant au-dessus de robes bigarrées... Même le fourmillement des villages semblait gravé dans le temps immobile des rêves. Fatigue du voyage, chaleur accablante ou lenteur excessive du taxi qui roulait à la vitesse d'un vélo? Peut-être bien, mais j'étais convaincu de me trouver à l'autre bout du monde, au commencement du monde, dans un siècle très lointain qui ne cesserait jamais.

À quelque cent kilomètres de Pondichéry, nous avons eu une crevaison qui inquiétait beaucoup le chauffeur: les trois autres pneus et celui de la roue de secours étaient usés à la corde. Nous risquions de ne pouvoir nous rendre à destination. Cela m'était égal, j'étais déjà arrivé. Je me suis assis sur le talus. Le chauffeur m'a conseillé de me mettre à l'abri sous le platane qui était tout près. Je lui ai répondu que j'étais très bien au soleil et j'ai continué de faire glisser le sable rouge entre mes doigts. Quand l'autocar de Madras est passé devant nous, j'ai pensé un instant: «Comment pourrai-je jamais partir d'ici?»

*   *   *

Je veux bien que l'hygiène, comme la morale, soit affaire de latitude, n'empêche que le happening de ce matin m'a choqué. J'étais sorti très tôt, avant que la petite troupe de corps célestes n'envahisse les pelouses du jardin, et je méditais à ma façon, allongé dans un transat, quand j'ai vu quelqu'un accroupi près du massif de roses. Jatti s'est redressé majestueusement dans son impeccable *lungi* blanc, a plongé sa main gauche dans l'eau du bassin et a repris tout naturellement sa promenade. Bien qu'aucun règlement, à ma connaissance, n'interdise de faire cela dans les roses, j'étais décidé à tirer profit de mon indiscrétion et je me suis allumé une cigarette au moment où Jatti me regardait. Tous les clients du Guest House sont, en principe, des disciples de Shri Aurobindo et, à ce titre, n'ont pas le droit de fumer. Mais comme il y a très peu de véritables disciples, Jatti se contente, par acquit de conscience, de nous rappeler gentiment un règlement qu'il n'ose appliquer de peur de perdre la moitié de sa clientèle. Loin de vouloir m'éviter (m'avait-il vu le voir?), il a fait un léger crochet pour venir me saluer et m'inviter à ne plus fumer: «Good morning, sir. You know that you should not smoke… before breakfast».

Pourquoi un homme de son rang choisit-il de se soulager à deux pas de son appartement vraisemblablement pourvu de toilette? Et pourquoi dans les roses alors que le bosquet qui se trouve juste à côté lui fournissait un meilleur abri? François, que la pénurie d'expériences spirituelles a rendu très sensible aux aspects désagréables de cette ville, prétend que la nourriture indienne est si exécrable que tous les Indiens souffrent de diarrhées chroniques. Cette hypothèse, même fondée, ne saurait justifier le comportement de Jatti. Il l'a fait exprès pour se venger (vous fumez, eh bien! moi je...) ou tout simplement pour me gâcher le plaisir que me procure la fraîcheur matinale. Passe encore que les paysans et les pêcheurs souillent la plage où je promène mes réflexions philosophiques, la mer peut laver tout cela sans trop se salir. Mais je n'accepte pas que Jatti pollue ainsi le jardin; en saison sèche, combien de temps la terre mettra-t-elle à digérer de tels engrais? Et si j'allais uriner sous sa fenêtre!

Les matins au jardin ne seront plus les mêmes. Moi qui m'étais levé comme toujours en état de grâce, je me suis senti tout à coup très proche de cet écrivain romantique qui ne s'était jamais remis d'avoir surpris sa maîtresse en flagrant délit de défécation. Les esprits équilibrés, que blessent pourtant les plus banales infidélités, ne peuvent comprendre une telle trahison.

* * *

Dîner chez Étienne en compagnie de Peter, Louis, François et Hermann. Au menu: gin et vin (de contrebande, puisque Pondichéry est *dry town* depuis dix mois), filets de je ne sais quel poisson sans aucune saveur (les meilleures prises sont réservées à l'exportation). Sur un tourne-disque de fortune, les classiques d'aéroport alternent avec Gréco et Charlebois. La petite cour intérieure où la table a été dressée baigne dans la lumière sacrée des lampes chinoises accrochées aux branches. Étienne est heureux. Ne manquent sans doute à son bonheur que les adolescentes qu'il n'a pas connues et qui circulent parmi nous comme des hôtesses invisibles. Louis, qui n'a rien bu depuis une éternité, résiste d'abord héroïquement (limonade), compose (gin limonade) puis cède (gin). Hermann, qui ne sait plus à quel sexe vouer sa libido, se rapproche tour à tour de François qui trouve que «ça manque de femmes» et de Peter qui reproche à François de «ne penser qu'à ça». Étienne promet à François d'autres soirées «plus colorées» et confie à l'inévitable cythare de Ravi Shankar le soin de ramener les invités sur un terrain plus harmonieux. Hermann commente les *ragas* («C'est tellement dépouillé...»), Louis enchaîne sur Mère («Elle est tellement subtile») et François résume («Tout ça est tellement indien»). Étienne débouche une autre bouteille, sert généreusement François en espérant qu'il ait le vin gai ou somnolent. Peter vient à la rescousse de notre hôte et ses imitations de cantatrices ont raison de François, qui se réfugie dans un coin avec la chatte d'Étienne.

Dix heures. La conversation s'engage sur la chute de l'empire britannique. Peter, qui avait alors cinq ans et vivait dans une province dont j'ai oublié le nom, se rappelle très bien «l'immense tristesse qui s'était abattue sur le pays». C'était la fin d'un rêve, la fin de ce monde merveilleux que les Anglais avaient voulu créer. Bien sûr, certains Anglo-Hindous avaient abusé, Chamberlain avait commis quelques erreurs, mais si on leur avait laissé le temps, les Anglais auraient réussi l'impossible fusion de l'Orient et de l'Occident.

— Comme ça, ça se transporte mieux dans les bagages.

— Je te jure que nous étions vraiment attachés à ce pays.

— C'est ce que je dis! Vous y étiez tellement attachés qu'en partant vous en avez mis une partie dans vos bagages.

— Écoute, Alexandre, tu ne peux pas juger

tout un peuple sur quelques gestes malheureux.

— Arrête, tu vas me faire pleurer.

— Tu devrais lire *A Passage to India* de Forster.

— C'est déjà fait.

— Alors tu devrais comprendre que...

— Forster, comme toi, croyait que «c'est pour le bien de l'Inde que l'Angleterre la garde»; il rêvait, quoi qu'il en dise, d'élever l'Indien jusqu'à lui.

— C'est que tu l'as mal lu.

— Je ne l'ai pas lu, je l'ai vécu. Nous avons, nous aussi, nos Forster qui rêvent de la grande fusion, de la réconciliation des deux solitudes, et qui regrettent de n'avoir pu écrire une belle grande page d'histoire.

— Je connais mal l'histoire du Canada.

— Tu veux savoir ce que je pense? Je pense qu'il est plus facile à un chameau de franchir le chas d'une aiguille qu'à un Britannique de se retirer du royaume qu'il a colonisé.

— Si je n'aimais pas profondément ce pays, dis-moi pourquoi j'y serais revenu.

— Parce que tu y es né et que tu as encore des comptes à régler avec ton inconscient.

— J'aime mieux que tu parles d'inconscient. Colonisé, colonisateur, ce sont des notions tellement dépassées.

— Excuse-moi, cher, je ne voulais pas te blesser!

— Mais tu es tellement méchant que tu n'as pas pu t'en empêcher.

— C'est pour ça que tu m'aimes, non?

Étienne, qui avait craint que les choses tournent mal, s'empresse de remplir nos verres, l'air soulagé. Louis s'est endormi, Hermann gratte sa guitare, François a filé à l'anglaise.

— Je crois bien, Peter, que nous avons vidé la salle.

— C'est de ma faute, je me suis laissé emporter par de vieilles histoires qui n'intéressent personne.

— Nous ferons mieux la prochaine fois.

— Oui, nous nous battrons jusqu'au sang.

* * *

François a sollicité et obtenu de Chitkara une entrevue avec Mère, et il veut que je lui serve d'interprète parce qu'il n'est pas très sûr de son anglais. Je le préviens que l'anglais de Chitkara m'est aussi intelligible que le sanskrit et je lui conseille d'avoir recours aux services de Peter. Mais il n'est (évidemment) pas question qu'il se fasse accompagner par «une chanteuse d'opéra». Il a confiance en moi, l'entrevue sera brève... J'accepte donc et nous nous présentons chez Mère à dix heures trente.

Chitkara nous offre le café en attendant Mère qui a eu une nuit très difficile. Sans le questionner sur l'état de sa protégée, je lui suggère que nous remettions l'entrevue. Il me rassure aussitôt: Mère n'est pas malade mais seulement épuisée d'avoir combattu des forces hostiles (je n'ai pas très bien compris s'il s'agissait d'*asuras* ou de *râkshasas*) attirées par la lumière de son corps comme... (la comparaison m'a échappé). Elle aurait pu éviter l'affrontement en se réfugiant sur un plan supérieur («higher plane»), mais elle y avait consenti pour nous éviter le pire. Comme je n'ose m'enquérir de l'issue du combat et me contente de ponctuer son récit d'insignifiants «I see», Chitkara présume et excuse mon scepticisme en affirmant que Mère vit dans un monde qui ne nous est pas accessible où se joue pourtant notre destin. François s'impatiente («Qu'est-ce qu'il raconte?»), Chitkara me demande si cela m'intéresse («Bien sûr!»), m'intéresserait d'écrire la vie de Mère («Je ne sais pas, c'est tellement...»). Je n'aurais qu'à transcrire les visions et les expériences («Non, François, on ne parle pas encore de toi») qu'il me raconterait. J'invoque la piètre qualité de mon anglais, promets d'y réfléchir et bénis l'arrivée de Mère qui me tire provisoirement d'embarras.

François veut savoir pourquoi il n'a plus, depuis qu'il voit Mère, les expériences et les visions que lui procurait la pratique du yoga. Chitkara a à peine le temps d'acheminer la question à Mère qu'elle nous revient à la vitesse d'un boomerang: «Quelles visions, quelles expériences?» Pris au dépourvu, François répond que ce serait trop long à expliquer. Qu'à cela ne tienne, Mère n'est pas pressée. François se gratte la tête, respire profondément et me déballe en vrac toute sa vie intérieure: il se dédouble fréquemment, voit dans le noir des points rouges, s'évanouit s'il se concentre sur le cœur, entend des voix ou de la musique s'il fait l'amour en récitant le *Aum*, s'égare dans les cellules de son corps... Je l'interromps de peur de ne pouvoir tout traduire et me tourne vers Chitkara qui attend mon relais en souriant pendant que Mère continue de fixer François. Discussion entre la sibylle et son interprète. Question: «Qu'est-ce qu'il attend de Mère?» Réponse: «Il veut qu'elle l'amène dans son monde.» Question: «Que ressent-il face à Mère?» Réponse: «Rien, sauf qu'il la trouve très

belle, et qu'il se demande ce qu'il doit faire.»
Réponse: «Rien. S'abandonner au divin et attendre.» Mère se lève, l'entretien est terminé.

Dans le *rickshaw* qui nous ramène au Guest
House, François ne cesse de maugréer. Il a perdu
son temps, elle ne lui a rien promis, ce n'était pas
la peine de venir en Inde pour se faire dire qu'il
faut s'abandonner au divin. Je m'étonne de sa
réaction et le taquine sur son art de la séduction.
«Et pourquoi je ne lui dirais pas qu'elle me plaît?»

*   *   *

Terne éternité...

Je n'aime pas beaucoup ce qui s'est produit,
ce midi, alors que je roulais à bicyclette sur la promenade qui longe la mer. Je revenais de ce charmant petit restaurant tenu par des Suisses où l'on
mange, pour quelques roupies, d'excellentes
salades et de délicieux gâteaux aux carottes.
Mitra, Peter, Véronique et moi avions parlé de
tout et de rien en écoutant du Vivaldi. J'étais
heureux, j'avais des amis, je faisais des projets et
voilà que tout s'évanouissait, comme si j'avais été
tout à coup pétrifié. Je regardais la façade défraî-

chie des villas, les feuilles jaunes des palmiers, la mer aussi grise que la chaussée déserte... J'étais le seul survivant d'une catastrophe qui avait plongé Pondichéry (et probablement le reste de l'univers) dans un temps immobile que rien ne pourrait entamer, pas même l'aile improbable de cet oiseau dont parlait le petit catéchisme: «L'éternité est semblable à une montagne de roc que l'aile d'un oiseau frôlerait une fois par siècle». Si encore j'avais été prisonnier d'une montagne de roc! Mais comment sortir d'une prison sans murs, comment abattre les parois invisibles de ce silence, de cette lumière qui conféraient au paysage la troublante proximité de certains tableaux où chaque chose se découpe avec précision dans un ensemble flou? Je ne sais combien de temps cela a duré. La roue avant de ma bicyclette a heurté le trottoir et je suis tombé. En regardant couler le sang de mon genou écorché, je me suis dit que je l'avais échappé belle.

De retour au Guest House, je suis allé frapper à la porte de mes amis. Pas de réponse, ils étaient sortis ou faisaient la sieste. Je me suis rendu à la salle à manger. Elle était déjà fermée. Évidemment, pas un domestique ne traînait dans les environs. Je n'osais descendre à la plage ni retourner en ville, et l'idée de rester seul dans ma chambre me terrifiait. Que faire? Écrire? Oui, n'importe quel bruit ferait l'affaire. La première chose à laquelle j'ai pensé a été la parenté, étymologique ou non, entre les mots *terne* et *éternité*. En les écrivant, j'ai senti que la chose allait recommencer. Je suis sorti et j'ai parcouru le jardin deux ou trois fois au pas de course, avant de me laisser tomber sur la pelouse. Quand j'ai repris mon souffle, c'était toujours le même état, le même tableau, sauf que le corbeau, surgi de nulle part, décrivait au-dessus de moi un large cercle dont j'étais à peu près le centre. J'ai fermé les yeux, les battements de mon cœur étaient à nouveau silencieux. Pourquoi paniquer? Après tout, ce n'était pas désagréable de mourir de cette façon, de mourir tout en continuant de vivre. Mais je n'avais pas aussitôt formulé cette pensée que quelque chose en moi la rejetait violemment. Je ne voulais ni vivre ni mourir de cette façon. Je voulais que les choses soient claires: d'abord vivre tous les plaisirs, toutes les souffrances, puis mourir à tous les plaisirs, à toutes les souffrances. Cela était de loin préférable à cette sorte de paix, de catatonie. L'image de Lino Ventura, coincé depuis trois jours dans une mine, m'a traversé l'esprit, et je me suis mis à chanter, comme lui, à tue-tête: «Besame, besame mucho» jusqu'à ce qu'une voix fraternelle me crie dans une langue inconnue et universelle: «Ta gueule!»

103

* * *

Comme j'ai apporté peu de vêtements et que la chaleur m'oblige à en changer deux ou trois fois par jour, chaque matin, vers dix heures, je fais ma lessive dans une bassine en plastique bleu achetée au marché. Les instants que je consacre à cette tâche sont parmi les plus agréables. Pendant que les autres lisent, méditent ou bavardent, je frotte, j'essore et je rince jusqu'à ce que l'eau et mes mains soient complètement propres. Puis j'étends sur la trop courte corde (cinq mètres pour tous les clients du Guest House) ou sur la pelouse, en espérant que personne ne me volera (il ne me reste que trois slips) et que le soleil aura raison de l'humidité. Pour que mon bonheur soit complet, je m'empresse alors de feuilleter un livre comme on caresse distraitement l'écorce d'un fruit. En fait, la lessive n'est qu'un prétexte: j'aime me laver les mains mais, paradoxe dont les psychanalystes ont sans doute la clé, plus je les lave plus elles se salissent. Il en est de même de mon autre passion domestique. Mettre de l'ordre dans un appartement et continuer d'y vivre est une tâche infinie qui requiert une vigilance, une discipline et une solitude qui me manquent. Je suis incapable de maintenir à chaque instant chaque chose à sa place. Le pourrais-je d'ailleurs que Françoise ruinerait aussitôt mon œuvre en y introduisant un ordre qui n'est pas le mien. Au moins, ici, dans ma chambre et ma salle de bains, à l'abri de l'inévitable chaos de la cuisine, je fais la loi et peux même y déroger puisqu'une armée de serviteurs veillent sur mon royaume. N'assombrissent mon triomphe que la crainte du retour (lits défaits, cendriers qui débordent, journaux et vêtements éparpillés, vaisselle sale, etc.) et la réponse de Piaget au journaliste étonné du désordre qui régnait dans son bureau: «Désordre? Non, c'est l'ordre de la vie».

* * *

Conversation avec Robert. Ce polygraphe ésotérique vit ici depuis près d'un an. Lui et le peintre Hans font bande à part et ne fréquentent Mère que de façon sporadique. Ils tirent le même joint et partagent leurs visions (tu me peins, je te raconte), tels des chercheurs désintéressés qui ne travaillent que pour l'avenir de l'humanité. Je leur prête parfois un peu d'argent contre des textes et des tableaux que je leur rends immanquablement le surlendemain, en proie au remords de les priver de leurs œuvres. Nos relations se limitent à ces échanges où je perds quelques roupies qu'ils encaissent avec, en prime, l'illusion d'avoir éclairé un mécène. De fait, je n'ai lu qu'un ou deux textes de Robert, qui sont à la connaissance ce qu'est un trousseau de clefs à une porte ouverte. Quant à l'onirisme pictural de Hans, il est aussi fascinant qu'un spectre solaire ou qu'un dictionnaire de symboles.

Robert s'assoit donc à ma table et comme d'habitude me fixe le dessus de la tête pendant que je termine mon café. Je fouille discrètement dans mes poches, m'apprêtant à financer une fois de plus la conquête du surhomme. Sans cesser de se vautrer dans mon aura, il m'annonce qu'un grave danger me guette. J'ajoute quelques billets que je dispose sur la table, il baisse les yeux et attend que je le questionne. Comme je ne dis rien, il enchaîne sur l'urgence de me défaire de toutes ces résistances mentales et affectives qui retardent l'avènement du divin, entravent le processus de mutation. Je ne bronche pas. Il me raconte alors comment lui, un Français, avait réussi à assassiner, par l'alchimie et le *tantra yoga*, ce père castrateur, ce nain tout-puissant, ce pauvre Descartes. Non, la drogue était venue après, comme la fumée qui monte des ruines. Ainsi libéré, il avait commencé de publier à compte d'auteur («Les grandes maisons d'édition sont des autoroutes qui relient les capitales de l'ignorance») et de voyager en Amérique («La Californie et le Québec: deux espaces prodigieusement imaginaires»). À part le cadavre de Descartes, il avait laissé derrière lui une femme qui ne comprenait rien à ses expériences («Les Pères de l'Église avaient raison: elles n'ont pas d'âme»), deux enfants conçus dans l'erreur («Trop de rosée ou mauvais athanor») et qu'il abandonnait au divin («Vaut mieux ne pas avoir de famille»). Pourquoi ne venait-il pas plus souvent chez Mère? Parce qu'il s'était déjà enfanté lui-même et n'avait plus besoin d'elle. D'ailleurs il était plus facile au disciple de se détacher de plusieurs maîtres que d'un seul: lui-même en avait eu une dizaine et avait séjourné dans de nombreux ashrams avant de parvenir à la maturité spirituelle. De quoi vivait-il depuis qu'il avait rompu avec «cette bonne vieille Europe décadente»? D'une modeste somme, trois fois rien, que son père, médecin de campagne à la retraite, lui versait mensuellement dans un compte parisien. D'où les inévitables retards des transactions bancaires qui l'obligeaient à m'emprunter encore pour quelques

107

jours... J'ai rempoché mes billets et me suis excusé de ne pouvoir le dépanner sous prétexte que j'attendais moi-même de l'argent de ma femme. Visiblement contrarié, il m'a demandé comment diable je pouvais encore être marié. Je lui ai répondu, en souriant, que dépouiller le vieil homme est une ascèse pour laquelle tous ne sont pas également doués. Je crois bien que j'ai perdu à tout jamais mon aura et que le Québec ne sera plus désormais aux yeux de ce pèlerin averti qu'un espace prodigieusement sous-développé.

* * *

Lettre de Clara postée à Lesbos où elle compte séjourner une dizaine de jours. Je regarde la photo prise à la terrasse d'un café. Derrière Clara, je devine la mer turquoise, la plage, les baigneurs. Le soleil se réfracte dans le verre qu'elle porte à ses lèvres et tout son visage n'est qu'ombres et lumières dont je suis prisonnier, comme cette guêpe qui un jour s'était égarée dans sa chevelure. Qu'est-ce qu'une photo, une image? Un arbre fossile, une pierre poreuse, l'empreinte du temps, le grain de la mort. Moi qui craignais le ridicule des stéréotypes, me voici foudroyé par un cliché que je retourne entre mes mains: l'envers est l'endroit, je te vois et tu n'es pas là. Pourtant tu es bien vivante quelque part sur une île, dans un jeans et un t-shirt, et moi je suis là, entre quatre murs, à chercher je ne sais trop quoi. Au fait, qu'est-ce que je fous ici? Qu'est-ce que c'est que ce masochisme? Imagine-t-on un moine qui se cloîtrerait pour échapper à Dieu, un écolier qui interromprait ses vacances en juillet pour échapper à la tristesse de la rentrée? Qu'est-ce qui m'empêche d'aller te rejoindre? «Cela ne changerait rien», dis-tu. Écoute, je te promets de ne plus fuir, je serai là, près de toi, dans cette photo que ni toi ni moi ne pourrons déchirer, et nous n'en sortirons plus.

Je suis allé à l'agence de voyages, qui était évidemment fermée, et j'ai marché dans les rues du centre-ville jusqu'à l'heure de l'ouverture. J'ai demandé des renseignements sur les vols pour la Grèce. En revenant, j'ai rencontré Peter et Louis qui s'en allaient chez Mère; je leur ai dit que je n'irais pas à la méditation parce que je n'étais pas bien. De retour à ma chambre, j'ai fait mes bagages et j'ai tourné en rond en fumant mes dernières cigarettes. J'avais le goût de vomir. Je me suis étendu sur le lit et me suis aussitôt endormi. Au réveil, j'ai entendu les cloches du minaret. Il était six heures, la méditation venait de se terminer. J'ai défait mes bagages, puis j'ai regardé à nouveau la photo: la ressemblance entre Clara et Françoise était stupéfiante!

* * *

Il était à prévoir que je passerais une nuit agitée. Tant va la cruche à l'eau... De plus, comme j'ai dormi sans moustiquaire, j'ai tout le corps couvert de piqûres que j'espère anodines et que je calme en me frictionnant avec de l'alcool. Hermann, que j'ai croisé au petit déjeuner, m'a conseillé de consulter un médecin et m'a demandé si je prenais régulièrement mes cachets de quinine. Je lui ai répondu qu'il n'avait pas à s'inquiéter, que j'étais aussi immunisé qu'une pharmacie, mais la vérité c'est que je n'ai apporté aucun médicament et n'ai reçu aucun vaccin, pour la simple raison que je n'y ai pas pensé. Mon ignorance de ces choses, comme d'ailleurs de tout ce qui touche à la science ou à la technique, n'a d'égale que ma piètre éducation sentimentale.

Ainsi je n'avais jamais remarqué auparavant que Françoise et Clara se ressemblaient tant. Ma terrible perspicacité n'avait relevé que des similitudes psychologiques, le même côté ténébreux, la même puissance imaginative, que j'expliquais aussitôt — autant dire que je gommais — par leur appartenance au même signe du zodiaque (le Cancer), ou par le caractère universel des attributs de l'anima, (l'obscurité, l'équivoque, etc.).

Je ne prétends pas que la découverte que je viens de faire puisse résoudre mon problème mais j'ai l'impression de commencer à le poser correctement. J'ai lu quelque part que la première chose à faire lorsqu'on tombe en panne est de constater tout simplement que ça ne marche plus au lieu de plonger tête première dans des hypothèses qui risquent d'aggraver la situation. Peut-être ai-je eu tort de croire qu'il me fallait choisir entre deux femmes. Refermons le capot: ça ne marche plus, je suis incapable de choisir. Pourquoi? Soulevons le capot: la photo me fournit un début de réponse. Ne suis-je pas amoureux de la même femme? Si tel est le cas, je devrais alors pouvoir choisir indifféremment l'une ou l'autre. Or ça ne marche pas. Aucune des deux, lorsque je l'introduis dans mon cœur, ne réussit à chasser l'autre. Au contraire, je les y retrouve enlacées, comme dans mon rêve de la semaine dernière, et même si je suis exclu de leur étreinte, je sais que c'est vers moi que leurs bouches et leurs mains se tendent.

* * *

Depuis trois jours, je suis au lit avec une forte fièvre. Un médecin est venu et m'a prescrit un médicament de couleur verte. Il ne croit pas que ce soit grave, me gronde un peu («Vous avez couru après»), me rassure («Heureusement, vous êtes en excellente santé») mais réserve son jugement («Si ça ne se résorbe pas, disons, dans quelques jours...»). Il n'a pas parlé de malaria, et moi non plus, car je ne sais trop ce que c'est. Je lui ai demandé s'il ne serait pas plus prudent que je rentre chez moi. Cela a semblé le vexer («Nous pouvons très bien vous soigner ici») et je n'ai pas insisté. D'ailleurs, je n'ai pas à m'en faire puisque Louis a informé Mère de mon état et qu'elle s'occupe, paraît-il, de moi. J'ai accueilli cette nouvelle avec un sourire qu'il a jugé ironique: j'avais tort de sous-estimer les pouvoirs de Mère, elle l'avait souvent guéri de légers malaises, il suffisait de s'abandonner...

— A-t-elle dit qu'elle me guérirait ou qu'elle s'occupait de moi?

— Qu'elle s'occupait de toi.

— C'est bien ce que je craignais!

Louis a hoché la tête. Il ne comprenait pas et je n'avais ni le goût ni la force de lui expliquer. Peter, qui me veille jalousement, est intervenu pour qu'on cesse de fatiguer le malade. Comme Louis s'apprêtait à sortir, l'air abasourdi, je l'ai remercié de sa visite en le chargeant de dire à Mère que j'irais bientôt la voir. Son visage s'est illuminé. Le malade consentait enfin au miracle et rendait la vie au disciple dont il avait un instant ébranlé la foi.

Après son départ, j'ai demandé à Peter la photo qui se trouvait dans le tiroir de ma table de travail. Il m'a apporté la photo de Mère («Non, pas celle-là»), puis l'autre, qu'il m'a remise comme s'il s'agissait d'un poison. «C'est ta femme?» Je lui ai répondu que c'était un peu plus compliqué. «Avec les femmes, dit-il, c'est toujours compliqué!» J'ai mis la photo sous mon oreiller. Peter a rougi et détourné la tête. Lui aussi, je le faisais souffrir. J'ai fermé les yeux pour pleurer sur moi-même, comme d'habitude, en pensant à celles qui pleuraient à cause de moi. Et je me suis enivré jusqu'au sommeil de cette boisson douce-amère.

Cauchemars. Je suis seul en forêt et marche vers le lac Emily Hart où j'ai déjà fait de très belles pêches. Arrivé au bord, je découvre que le lac est complètement à sec, qu'il n'y a plus qu'un vaste trou de sable peu profond. Je décide de le traverser, mais bientôt je m'enlise dans la vase où grouillent des poissons qui me frôlent et me mordent les mollets, les cuisses. Je m'éveille, me rendors et m'éveille dans le chalet d'un ami (j'ai oublié son nom, son visage) qui vient tout juste de manger sa maîtresse. Il me regarde paisiblement tout en continuant de desservir la table. Je pense que les policiers sont déjà au courant, qu'ils vont venir nous arrêter d'un instant à l'autre.

* * *

Visite du médecin. Il ne comprend pas que je ne sois pas encore sur pied: je n'ai plus de fièvre, ma pression est bonne. Peter lui signale que je dors sans arrêt et que je mange à peine. Diagnostic: «Si ce jeune homme préfère être soigné dans son pays, il faudrait au moins qu'il ait la force de faire le voyage.» J'ai bien compris. Au fond, j'étais tombé malade parce que je voulais partir, et pour ne pas reconnaître mon subterfuge je continuais de refuser la guérison. Mitra ne m'avait-il pas dit un jour que les étrangers qui aiment l'Inde n'y sont jamais malades?

Véronique est passée me voir. J'ai consulté le *Yi King* et tiré à nouveau le trente-trois. Le temps de quitter ma retraite n'était donc pas encore venu. Mère s'était bien occupée de moi, son armée de moustiques m'avait évité le pire. J'ai pris la photo sous l'oreiller et l'ai déchirée comme on plonge dans une eau glacée. Peter attendait que je fasse surface pour célébrer ma bravoure: «We are put on earth...» Je l'ai interrompu assez brutalement: «Je t'en prie, pas d'applaudissements, veux-tu.» J'avais besoin de blesser quelqu'un, cela m'a fait du bien. Si Peter n'avait pas été là, j'aurais déchiré aussi la photo de Mère.

*　*　*

De retour chez Mère après une semaine d'absence. Tout se déroule comme d'habitude, sauf que je n'arrive pas à me débarrasser de l'image d'une Circé qui nourrirait dans l'auge de ses mains des êtres à quatre pattes à qui elle rendrait leur forme initiale en les fixant dans les yeux. Qu'arriverait-il si le disciple refusait d'enfouir sa tête et s'exposait immédiatement au regard de la magicienne? Quand mon tour est venu, je me suis assis sur les talons et malgré la lourdeur de ma tête j'ai résisté à la tentation du *pranam*. Allait-elle rejeter celui qui ne s'était pas soumis au rituel de la décapitation? J'ai attendu pendant de longues secondes qu'elle ouvre les yeux et me donne... quoi au juste? La force de me détacher d'elle, de Clara, de Françoise pour atteindre à une solitude que ne troublerait plus aucun désir? La force d'endurer la terne éternité ou la torture du temps? Son regard n'a jamais été aussi tranchant. Trêve de bavardage! Je ne vais ni pleurer sur toi ni tarir tes larmes, tu dois être l'eau et le roc, le silence et le bruit. Je ne veux ni pourceaux ni surhommes. Ne vois-tu pas que l'œil gauche puise sa lumière dans l'œil droit?

Je me suis incliné et elle a pris ma tête entre ses mains. Les visages de Clara et de Françoise me brûlaient les tempes. J'aurais aimé mourir ainsi, mais ni l'une ni l'autre ne voulait me donner la mort.

* * *

J'étais assis sur le rempart à quelques mètres du corbeau, qui feignait de s'intéresser aux jeux des enfants sur la plage, quand j'ai entendu les hauts cris de Jatti. Il venait de surprendre Hermann en train d'arracher des roses près du bassin et menaçait de l'expulser du Guest House. Hermann, qui croit naïvement que le divin est partout, a aggravé son cas en révélant au gérant qu'il voulait offrir ces roses à Mère. Sacrilège! Il n'y avait qu'une Mère, la compagne de Shri Aurobindo, et elle était morte («Elle a quitté son corps», s'est-il repris selon l'euphémisme en usage ici) il y a dix ans. Toute autre personne qui se prétendait Mère ne pouvait être qu'un imposteur. Hermann a répliqué que s'il avait su que l'ashram, comme le Vatican, détenait le monopole du divin, il serait allé à Rome: «C'est moins loin, moins hypocrite et plus beau que Pondichéry.» J'ai décidé d'intervenir avant que les choses ne s'enveniment davantage. Je sais, en effet, que les autorités spirituelles de la ville tolèrent les méditations avec Mère pourvu qu'elles se tiennent dans une maison privée et qu'on n'y associe pas le saint nom du couple fondateur de l'ashram. La ferveur d'Hermann risquait de compromettre inutilement cette entente tacite qui assurait à Mère une certaine liberté et à ses rares disciples les chambres confortables du Guest House. Je comprends très bien que ceux, comme Jatti, qui ont connu la première Mère se hérissent à l'idée d'une seconde. J'ai donc détourné la question en condamnant sans réserve l'étourderie de mon ami qui nous privait tous de la beauté et du parfum de ces roses qu'on devait aux soins méticuleux de notre gérant. J'ai demandé à Hermann de s'excuser et de remettre à Jatti ce qui lui appartenait. «Le mal est fait, a-t-il dit, qu'il les garde.»

Il est clair que Jatti n'a pas beaucoup apprécié ma manœuvre. Je suppose que je devrai éviter pendant quelque temps de fumer en sa présence. Il ne serait peut-être pas mauvais non plus qu'il me surprenne en train de lire Mère ou Shri Aurobindo.

* * *

Ce matin, dans la salle à manger, Hans a causé tout un émoi en dévoilant à «la petite troupe des élus» (c'est ainsi qu'Étienne nous désigne) le portrait qu'il a fait de Mère et qu'il compte lui offrir. Fidèle à sa manière, il a accouché d'un tableau érotico-mystique représentant une jeune femme vêtue d'un sari transparent qui émerge d'un lotus en flammes parmi les serpents et autres accessoires habituels. Visiblement fier de son œuvre, il voulait vérifier auprès des intimes de Mère la justesse de sa vision. Étienne, qui était venu «prendre le café en passant», a tout de suite proposé à Hans de lui acheter ce tableau «absolument génial». Tiraillement de l'artiste entre les fruits spirituels du don et ceux non moins alléchants de la vente. Louis, grand iconographe et amateur d'art, lui a fortement suggéré de vendre puisque Mère n'accrocherait jamais cela chez elle et qu'Étienne s'ennuyait de *Penthouse*. Hans a traité Louis de béotien. Louis l'a qualifié à son tour de pompier recyclé dans le phantasme. Peter a tenté d'élever le débat en évoquant l'interdiction biblique de toute représentation de Dieu ou des forces surnaturelles: «Tu ne te feras pas d'image taillée, ni aucune figure de ce qui est en haut...» Bref, il admirait, sans la partager, l'audace de Hans «qui se dévoilait ainsi devant Mère». Louis n'en avait pas contre le dévoilement de Hans, même s'il le trouvait plus proche de l'exhibitionnisme que de l'art. C'est le dévoilement de Mère qui le révoltait. François, quant à lui, ne comprenait pas qu'on peigne ce que l'on peut photographier et estimait donc qu'il s'agissait d'une œuvre d'imagination qui n'avait rien à voir avec Mère. Hans lui a expliqué que l'imagination voyait au-delà des apparences et que la peinture commençait précisément là où la photo s'arrêtait. Mais François n'en démordait pas: puisque Mère décourageait les visions, la photo était encore ce qui lui convenait le mieux. Véronique n'avait pas d'opinion, chacun était libre de voir Mère à sa façon et il ne lui appartenait pas de juger celle de Hans. Je me suis rangé à son avis. Déçu, Hans m'a demandé ce que j'en pensais vraiment. J'ai répondu que les réactions diverses que son tableau suscitait étaient le signe de la complexité du sujet traité. Il a cru que je parlais de la complexité du tableau et s'est aussitôt lancé dans une interprétation symbolique des cercles, des couleurs et des serpents. J'en ai profité pour lui demander ce qu'il savait des corbeaux et pourquoi il n'y en avait pas dans son tableau. Selon lui, le corbeau était un animal stupide dont la réputation était surfaite. Robert, qui venait de se joindre à nous, n'était pas d'accord: un vieux maître rencontré près de Calcutta répétait, paraît-il, qu'il y avait autant de sagesse dans les silences du corbeau que dans les versets de la Gita. Brève discussion entre les deux amis, un instant déroutés par les libellules dont Étienne tenait à faire l'éloge.

— Même sans corbeau et sans libellule, j'achète.

— Combien tu me donnes?
— Disons deux cents roupies?
— Marché conclu!

*   *   *

Comme le veut la coutume indienne, Mitra, dont c'est aujourd'hui l'anniversaire, m'a apporté plein de friandises. Étrange coutume que de célébrer ainsi sa propre naissance! Surtout pour un peuple qui considère que la vie terrestre est une illusion! Ne devrait-on pas plutôt offrir des cendres et réserver les friandises pour le jour de sa mort? Je lui cite le proverbe grec qui dit que s'il est beau de mourir jeune, il est encore plus beau de ne pas être né. Il avoue ne pas trop comprendre de quoi je parle. Je tente de lui expliquer qu'il m'arrive de penser, sans doute un peu comme les Indiens, que la réalité n'est que le reflet d'une autre réalité plus vaste, immuable. Il a pris une menthe et m'a demandé ce qui se passait si je m'abandonnais à ce sentiment d'une autre réalité. Le *Besame mucho* de Lino Ventura m'a traversé l'esprit et j'ai répondu que j'avais alors le goût de revenir sur terre. Où voulait-il en venir?

121

À ceci sans doute, que le reflet était aussi une réalité et qu'il valait mieux ne parler de *maya* que lorsqu'il n'y avait plus de friandises.

— Mais quel âge avez-vous donc, cher *swami*?

— Vingt et un ans aujourd'hui.

— J'ai regardé la date à ma montre. Mitra était né le même jour et la même année que Clara.

— Tu as raison, il faut célébrer ton anniversaire. Es-tu libre?

— Oui, toute la journée.

— On va d'abord au marché et je t'offre tout ce que tu veux. Puis je t'invite au restaurant.

— Tu es fou! Je ne suis pas venu pour cela.

— Disons que c'est mon anniversaire.

Le marché est une véritable ville microscopique, une boîte à plusieurs cases dans lesquelles les marchands vivent accroupis au milieu des étoffes, des épices, des fleurs et des bijoux. Seuls les viandes et les poissons ont droit aux étals qui occupent l'entrée principale. Une fois franchi ce mur des odeurs, l'espace se raréfie, se découpe en un labyrinthe de sensations raffinées. J'achète des bracelets de verre coloré, un plateau de cuivre, une chaîne d'or rose. Mitra refuse tout ce que je lui offre. Je le préviens que nous ne sortirons pas de là avant qu'il ait accepté quelque chose. Il ne sait pas ce qu'il veut, il n'a besoin de rien... Acheter ou même désirer la plus petite chose est, je suppose, pour celui qui manque de tout, un geste grave qui requiert une longue réflexion. Ma générosité l'aura pris au dépourvu, à moins qu'il n'en ait deviné la cause. Cela ne m'étonnerait pas. Les Indiens ne sont peut-être pas très intelligents, comme me l'affirmait l'autre jour un touriste italien («Au sens européen du terme, bien sûr»), mais il est très difficile de les tromper sur la nature de nos sentiments à leur égard. Mitra avait-il senti que je fêtais quelqu'un d'autre, que je le privais d'une certaine façon de son propre anniversaire? Sinon, pourquoi m'a-t-il demandé tout à coup si je croyais que sa mère préférerait recevoir pour son anniversaire un sari ou un collier? Et pourquoi a-t-il attendu, avant d'accepter le stylo-plume que nous avions vu au début de notre promenade, que je lui raconte qu'il était né le même jour et la même année qu'une de mes amies?

*   *   *

Ce matin, j'ai éprouvé à nouveau ce simple plaisir d'être en vie, ce sentiment édénique de disposer de l'être comme d'une journée de vacances qui n'aurait pas de fin. Je marchais dans l'herbe encore humide de rosée et je retrouvais, sans quitter le jardin, les sentiers intacts de mon enfance, les forêts, les champs de fraises. Je sais que ce plaisir est fragile, que celui qui emprunte ces sentiers marche sur les eaux. Et pourtant je persiste à croire qu'il est possible d'être à la fois ce qui passe et ne passe pas, ce qui ne passe pas et revient.

J'ai songé que dans quelques années je me souviendrais de ces instants heureux que j'étais en train de vivre et que si je commençais tout de suite à m'en souvenir, ils ne finiraient plus, le temps s'arrondirait. Cette idée, si absurde soit-elle, m'a réconforté: oui, il était possible que chaque instant contienne toute la vie, que la vie soit un seul instant sans commencement ni fin.

* * *

Même si cela me répugne (me trouble serait plus exact), je dois décrire ce qui vient de m'arriver. Après le souper, je flânais dans la rue des magasins quand trois fillettes, de huit à dix ans, se sont

approchées de moi. Louis m'avait déjà prévenu
de ne rien donner aux enfants, sous peine de ne
plus pouvoir m'en débarrasser. J'avais donc pris
l'habitude de les ignorer jusqu'à ce qu'ils reprennent leurs jeux ou abordent un autre étranger. Je
ne sais pas pourquoi ce soir j'ai dérogé à cette
règle. J'ose croire, encore maintenant, que c'est
par pure bonté que je leur ai souri et donné une
poignée de roupies. La plus grande des trois m'a
pris la main pendant que les deux autres gamba-
daient autour de nous. J'ai pensé qu'elles me
manifestaient ainsi leur gratitude et j'ai continué
de sourire en essayant de me dégager. Celle qui
me tenait la main est venue se placer devant moi.
Elle a passé ses doigts dans sa chevelure et a dit
d'une voix qu'elle voulait langoureuse: «My
name is Lucy.» Sans interrompre leur ronde, ses
compagnes ont repris en chœur: «My name is
Lucy, my name is Lucy...» L'absurdité de ce
nouveau jeu n'avait rien de pervers malgré le
geste de la main dans les cheveux et l'intonation
fausse de leurs voix. Elles imitaient maladroitement ce qu'elles avaient vu au cinéma. «Lucy is a
very nice name but I have to go.» C'est alors que
l'une d'elles s'est mise à caresser et à lécher du
bout de sa petite langue les pièces de monnaie que
je lui avais données. «Love, love...» murmurait-
elle. En détournant la tête, j'ai croisé le regard

sévère d'une vieille Indienne qui surveillait la scène. Je me suis enfui à toute vitesse, poursuivi par le rire des fillettes qui se mêlait aux grognements des piétons bousculés. Arrivé au grand canal qui charrie les égouts de Pondi, je me suis arrêté pour reprendre mon souffle. Un type, qui ressemblait à s'y méprendre au Anthony Perkins de la poste, m'a demandé une cigarette. Je lui ai donné mon paquet et me suis remis à courir jusqu'au Guest House.

Tout ceci est ridicule. Je n'ai pas à me sentir coupable de quoi que ce soit, et surtout pas de ce que suggérait le regard de la vieille. Mais que serait-il arrivé si j'avais été seul avec les fillettes, disons sur une plage, et qu'elles avaient mis leur plan à exécution sans attendre mon consentement? Aurais-je eu la force de résister à leurs caresses? Bien sûr que oui! Comment pourrais-je désirer des corps d'enfants? Des adolescentes, peut-être; mais des fillettes, non, je ne pourrais pas... Je me souviens même d'avoir traité M. de malade quand il m'avait avoué que toutes les femmes, de onze mois à soixante-dix-sept ans, sont désirables. Dois-je pousser la sincérité jusqu'à m'accuser de toutes les perversions de la terre? Je veux bien descendre au sous-sol et y libérer les quelques adolescentes et prostituées que je visite à la tombée de la nuit dans le secret de mes inhibitions. Mais je défie quiconque d'y trouver des bébés et des vieillardes. Fin de la séance. Je suis sûr d'ailleurs que demain le regard de Mère me donnera raison.

2^E CARNET

Tout comme elle l'avait fait peu de temps avant mon arrivée, Mère a décidé de mettre ses disciples à l'épreuve. C'est Chitkara qui nous en a informés au début de la séance de cet après-midi: Mère continuerait d'assister aux méditations mais il n'y aurait plus de *darshan* et de *pranam*, car nous ne faisions pas notre *sadhana* assez sérieusement, nous dissipions la lumière et la force que nous recevions. Hermann a demandé ce que nous devions faire. Sans attendre la traduction de Chitkara, qui lui-même a semblé surpris, Mère a répondu par la voix de ce dernier que nous devrions nous lever à l'aube et méditer toute la journée au lieu de croupir dans l'oisiveté. Puis elle a fermé les yeux et nous avons fait de même. De temps à autre, je regardais mes camarades qui s'efforçaient de retrouver à l'intérieur de leurs paupières celle qu'ils venaient de perdre, celle qui venait de les perdre pour tremper leur amour. Étrange partie de cache-cache dont la règle aurait été inversée, tous cherchant celle qui s'est cachée, à moins que Mère n'ait été le chasseur et les disciples la proie. Quoi qu'il en soit, je n'arrivais pas vraiment à participer à ce jeu sans doute parce qu'il me renvoyait précisément à cet autre jeu (Clara et Françoise dissimulées l'une dans l'autre) auquel j'espérais que Mère mettrait un terme.

Au souper, le nouveau régime d'austérité a été l'objet d'une longue discussion où se sont affrontés les jansénistes et les quiétistes. Véronique a paru particulièrement affectée par la perspective d'une telle séparation. Elle ne comprenait pas la condamnation de cette oisiveté qui la rendait si heureuse, si proche de Mère: «Pourquoi devrais-je méditer puisque je suis toujours avec elle?» Thérèse, la plus discrète de nous tous, l'a rassurée en disant que Mère ne nous abandonnait pas mais voulait, au contraire, se rapprocher de nous. François doutait fort de l'efficacité de ces règles monacales qu'il avait déjà observées jadis sans aucun résultat. Louis lui a fait remarquer que se préoccuper des fruits de l'action est la meilleure façon de ne pas progresser, ce à quoi François a rétorqué qu'il était hypocrite de se raser le crâne et de prier vingt-quatre heures sur vingt-quatre sans espérer quelque chose en retour. Hermann partageait l'avis de Mère: nous nous conduisions tous comme des bourgeois en vacances qui s'offrent après la plage de subtils massages indigènes. Peter a violemment rejeté la comparaison d'Hermann et nous a mis en garde contre le danger de déclarer ouvertement la guerre à l'ego: «Qui veut faire l'ange fait la bête.» Louis, qui a toujours eu un faible pour les anges, a volé à leur secours: valait mieux aspirer à la perfection que de se complaire dans une acceptation pseudo-philosophique de nos limites. Chacun y est allé de son point de vue sur la pratique du yoga, qui est le plus court chemin entre l'humain et le divin. Tous s'entendaient pour reconnaître que le vital et le mental sont les pires ennemis mais, comme personne n'osait ou ne pouvait les définir avec précision (le vital, si j'ai bien compris, était un sang impur dont le mental se nourrissait tout en feignant de l'ignorer), il était impossible de se mettre d'accord sur le choix des armes. S'il était évident que la réalisation passait par la croissance du psychique (sorte de lumière précieuse et bleutée, située quelque part derrière le cœur), les uns croyaient qu'il suffisait de laisser le divin accomplir en nous son œuvre, les autres prétendaient qu'il fallait l'aider. Thérèse a cité le mot de Mère (la première) qui distinguait deux sortes de disciples: les singes qui s'agrippent à elle et les chats qui se laissent bercer. Hermann a profité de la métaphore animalière pour préciser sa pensée: «Mère est fatiguée de jeter des perles aux pourceaux.» Peter a soutenu le paradoxe que ce sont les pourceaux qui ont le plus besoin de perles et François, qui finissait l'assiette de Louis (le jeûne était sans doute implicitement inclus dans l'exhortation de Mère), a tranché la question en affirmant que tout ce bavardage était de la bouillie dont aucun animal ne voudrait. Cela a mis fin à la discussion aussi simplement que la réponse que fit un maître à deux disciples qui se demandaient si c'est la bannière du temple qui flotte ou le vent qui se meut: «Ce ne sont ni la bannière ni le vent qui s'agitent mais votre esprit.»

*   *   *

Véronique m'annonce qu'elle a arrêté de fumer et qu'elle pense déménager dans une de ces petites chambres du Guest House qui n'ont ni toilette ni vue sur la mer. Elle compte ainsi faire des économies qui lui permettront de prolonger son séjour de quelques semaines. L'idée du retour la terrifie.

— Si je quitte Mère avant d'avoir réussi à oublier, je sais que ce sera pire qu'avant, qu'il ne me pardonnera pas de ne pas l'avoir oublié.

— Tu aimes un homme qui aime une autre femme, c'est ça?

— Si c'était aussi simple, il me semble que j'aurais moins de difficulté à comprendre, à accepter. D'abord, il a presque le double de mon âge, il est marié et puis il a une fille de onze ou douze ans.

— Et sa femme te ressemble comme une sœur?

— Non, je ne pense pas. Pourquoi dis-tu cela?

— Excuse-moi, mais tout ceci est tellement banal.

— C'est ce que je pensais, moi aussi. Qu'il aimait encore sa femme ou n'arrivait pas à se détacher d'elle, que j'étais l'éternelle maîtresse, la «back street», comme disent les Anglais.

— Et alors?

— Alors il se trouve que notre relation ne correspond pas tout à fait au scénario. Nous n'avons pas de véritables relations amoureuses, on dirait qu'il ne me désire pas ou, en tout cas, qu'il résiste à son désir.

— Qu'est-ce qui te fait dire cela?

— Plusieurs choses. Nous ne faisons presque jamais l'amour et il évite de me regarder, je veux dire qu'il évite de regarder mon corps. Si je lui demande s'il me trouve laide, il me répond que la question n'est pas là. Un jour, j'ai décidé de le forcer à me regarder et je me suis promenée toute nue dans l'appartement pendant qu'il prenait son petit déjeuner. Il a rougi comme un gamin et est sorti aussitôt sous prétexte d'aller acheter le journal ou des cigarettes.

— C'est qu'il est un peu puritain et probablement très culpabilisé par votre liaison. Il n'y a pas de quoi en faire un drame.

— Je pense que c'est autre chose. J'ai l'impression que ce n'est pas moi qu'il aime mais quelqu'un d'autre à travers moi.

— Tu veux dire qu'il se sert de toi pour rajeunir sa femme?

— Non, mais pour vieillir sa fille.

— Qu'est-ce que tu racontes?

— Je pense qu'il est amoureux de sa fille. Je sais que c'est horrible, mais j'en suis presque certaine.

— Tu as des preuves?

— Je n'ai pas dit qu'il couchait avec elle mais qu'il en était amoureux.

— Des indices alors?

— Son comportement, les questions qu'il me pose sur mon père, ses réticences à me parler de sa vie privée qui tombent dès qu'il s'agit de sa fille...

— Excuse la brutalité de ma question, mais si tu veux développer jusqu'au bout ton hypothèse de l'inceste, tu dois y répondre: est-ce que tu as l'impression de coucher avec ton père?

Ma question l'a choquée et elle m'a accusé avec raison de jouer les psychanalystes du dimanche. J'ai répliqué plutôt vivement qu'elle, de son côté, devrait prendre des cours du soir. Elle s'est mise à pleurer. Pour la consoler et me faire pardonner, je n'ai rien trouvé de mieux que de lui offrir de payer ses cigarettes et la somme ridicule qu'elle voulait épargner en allant s'enterrer dans une chambre minable. Elle a refusé («Voyons, Alexandre, tu n'as pas à te sentir coupable, tu n'y es pour rien»). J'ai insisté («C'est moi qui t'ai fait remuer tout cela»), et elle a finalement accepté à la condition de me rembourser dès son retour à Montréal. J'ai fait quelques blagues sur la supériorité incontestable de la psychanalyse chinoise dont la torture freudienne n'était qu'une pâle imitation. Elle a ri à nouveau de bon cœur. En partant, pour me taquiner sans doute, elle m'a embrassé sur le front.

*   *   *

Hier, après la méditation, Chitkara m'a donné rendez-vous pour une première séance de travail. Comme je n'avais pas refusé catégoriquement le poste de biographe de Mère, il en a déduit que je l'avais accepté. Quand apprendrai-je à dire oui ou non au lieu de m'enliser, par politesse ou faiblesse, dans les marécages de l'indécision? Je me suis donc présenté chez lui vers dix heures. Nous prenons d'abord le café et j'ai droit à une courte apparition de Mère qui vient arroser les fleurs dans la petite pièce où Chitkara me reçoit. Elle me sourit, je lui souris. Chitkara lui dit quelque chose qu'elle accueille, me semble-t-il, par un silence plutôt froid. Avant de sortir, elle me jette un regard empreint de cette gravité ou dureté que je perçois souvent pendant les *darshans*. J'ai déjà comparé ce regard à une tige d'acier qui me transperce. Au fil de nos rencontres, j'ai appris à en atténuer le choc en me dépouillant le plus possible de mes armures. Mais ce matin, le coup est parti à l'improviste et m'a atteint je ne sais où, produisant un effet semblable à cette étrangeté soudaine dans laquelle un être ou un lieu familier se trouve parfois plongé.

J'ai demandé à Chitkara si Mère était au courant de cette biographie. Il m'a répondu évidemment par l'affirmative en ajoutant que c'était Mère qui avait songé à moi. En réalité, je suis certain qu'il venait tout juste de l'en informer et qu'il avait interprété son silence comme l'acceptation tant du projet lui-même que du choix du scribe. Il m'a versé un autre café, a pris un air détendu, s'est gratté la tête: «Well, where shall we start? Mother's life is such an extraordinary adventure!» Je lui ai suggéré de commencer par le commencement: où elle était née, comment il l'avait rencontrée, etc. Cela, à son avis, n'avait pas d'importance, la vie privée d'un avatar n'était qu'une poussière dans le temps. C'étaient les expériences, les visions, les pouvoirs de Mère qu'il fallait raconter pour que les humains soient plus réceptifs à la lumière qu'elle fait descendre sur eux. Oui, il avait raison, mais il ne fallait pas oublier que les humains ne s'intéressent aux avatars que dans la mesure où ils sont incarnés. Bref, j'ai insisté sur la nécessité de situer Mère dans le temps et l'espace pour éviter que sa biographie ne prenne des allures de fable. Mes objections le contrariaient car elles mettaient en cause la nature même de notre éventuelle collaboration: il voulait me dicter l'histoire de Mère alors que je voulais l'écrire librement à partir des informations qu'il me fournirait. Pour ne pas compromettre son projet ou donner l'impression de me cacher quoi que ce soit, il a finalement consenti à remuer la poussière que je réclamais.

Après la mort de la première Mère, dont il avait été l'un des serviteurs, Chitkara s'était persuadé que celle qui avait quitté son corps poursuivrait son œuvre dans un autre corps, plus jeune et mieux... (le qualificatif s'est perdu dans le yaourt), conformément à la stratégie évolutive qui procure au divin les laboratoires dont il a besoin (je résume tant bien que mal les propos védantiques de Chitkara). Il s'était donc mis en tête de trouver cette nouvelle Mère. Mais comme il n'avait pas d'argent pour parcourir l'Inde, il avait dû se réfugier dans son village natal où il s'occupait à de petits travaux qui lui permettaient tout juste de survivre. À son âge, il n'était pas facile de recommencer sa vie. Ses parents et amis lui reprochaient d'avoir renoncé au confort de l'ashram pour se faire le disciple d'une mère qui n'était peut-être pas encore née. Un jour qu'il se promenait près de la rivière et ressassait son destin, il vit une jeune fille en pleurs dangereusement inclinée au-dessus des remous. Il s'approcha d'elle et lui demanda ce qui lui causait tant de chagrin. Elle venait de perdre sa place de domestique sous prétexte qu'elle avait tenté de séduire le mari de sa maîtresse. Blessée par cette injuste accusation, ne sachant où aller, elle avait décidé de mourir. Chitkara la recueillit en lui promettant de lui trouver un nouvel emploi. Mais voici que cette adolescente presque analphabète, qui n'était jamais sortie de son village, se mit à lui parler des grands maîtres hindous avec lesquels elle s'entretenait fréquemment. Fasciné par ses dons de médium et de voyante, il la présenta aux héritiers spirituels de Mère, qui lui refusèrent le statut d'avatar et ne virent en elle qu'une adolescente ordinaire, voire une chimère créée par la piété ou l'ambition de l'ex-ashramite. Ce premier échec, fort prévisible («Les dirigeants de l'ashram sont devenus des marchands de reliques»), n'ébranla nullement sa foi. Chaque jour, sa protégée donnait des signes évidents d'une double nature qui le confirmaient dans son intuition que Mère était à nouveau parmi nous. Il l'installa donc ici, à Pondichéry, et attendit que la bonne nouvelle se répande.

J'ai écouté ce récit plutôt lacunaire, qui m'en apprenait plus sur Chitkara que sur Mère, et j'ai pris congé de mon hôte avant que ne commencent les grandes batailles et les voyages interplanétaires. Ma décision était prise: une biographie de Mère me semblait prématurée et de toute façon je ne pouvais m'aventurer au-delà de la simple relation — déjà assez difficile — de mes échanges avec elle. Chitkara a dû comprendre mes réticences puisqu'il m'a demandé si je pensais que Peter pourrait écrire un tel livre. C'était une excellente idée, Peter était un bon écrivain et, tout compte fait, il était préférable que cette biographie soit écrite en anglais par quelqu'un qui connaissait l'Inde beaucoup mieux que moi.

Je ne sais ce que Mère va penser de ma défection, mais je crois qu'elle l'approuvera. Personne, avatar ou non, n'aime se faire ensevelir à dix-sept ans. Même sous des montagnes de fleurs.

* * *

Première lettre de Françoise. Elle m'annonce son départ pour la mer. Pas un mot sur elle-même, sinon qu'elle respecte mon silence. Je sais que j'aurais dû lui écrire, mais que pourrais-je lui dire? Que je l'aime malgré le mal que je lui ai fait, que je ne me suis éloigné d'elle que pour me retrouver... avec une autre femme qui lui ressemble comme une sœur? Je ne peux décemment lui resservir ces paroles creuses dans lesquelles je me suis déjà retranché, même si depuis j'ai découvert qu'elles avaient un fond de vérité. La seule lettre qu'elle attend de moi est celle qu'un oui ou un non aura scellée. J'ai espéré pendant quelque temps qu'elle ou Clara écrirait cette lettre à ma place. Force m'est de reconnaître qu'elles n'en feront rien, que leur silence est une conspiration: elles ont décidé de conjuguer leur souffrance jusqu'à ce que je renonce à l'une d'elles.

L'Inde est un pays où l'on apprend à mourir, m'avait-on dit. Puis-je vraiment qualifier de mort ces incursions dans un temps où plus rien ne semble avoir d'importance et d'où je reviens inchangé à la vitesse du désir? Aussi longtemps que je ne pourrai m'exiler tout entier dans cette paix, je risque d'en être exclu par la nostalgie de ce que je quitte ou la peur de ce que je découvre. Selon la *Gita*, «le sage est celui qui retire les sens des objets des sens, comme la tortue retire ses membres dans sa carapace». Autrement dit, il ne s'agit pas tant de renoncer au monde qu'au désir qu'on peut en avoir. Facile à dire! Qu'arrivera-t-il lorsque je sortirai de cette carapace, plus ou moins hermétique, que me fournit Pondichéry? Le problème de Véronique est aussi le mien; il consiste à se libérer de l'amour (de quelqu'un) pour mieux aimer, comme la tortue de la *Gita* qui réussit, je suppose, à se déplacer sans ses membres. Comment continuer de vivre sans désir, comment penser ou aimer sans objet? Je connais, bien sûr, la réponse: le moi s'abandonne au divin et se laisse porter par lui. Mais une distance infinie me sépare de cette autre force motrice, que je franchis (ou crois franchir) encore trop rapidement. Un regard de Mère, le vent dans les palmiers, le silence du large, la magie des matins, à quoi servent tous ces raccourcis, tous ces rêves éveillés? À égarer les voyageurs pressés —toxicomanes, psychopathes, illuminés — qui ne savent pas que la mort et la sagesse viennent à pas de tortue.

* * *

Peter a accepté l'offre de Chitkara et s'étonne que j'aie refusé une tâche si exaltante. Louis, qui est en train de revoir les poèmes-non-poèmes autobiographiques d'Étienne (la sévérité de mes commentaires l'a incité à se tourner vers un lecteur plus ouvert), ne comprend pas, lui non plus, qu'on puisse décliner une telle promotion spirituelle.

— Te rends-tu compte de la chance inouïe qui t'était offerte? Écrire la vie de Mère, c'est comme se laisser guider par Béatrice jusqu'aux plus hautes visions.

— Par Béatrice ou par Chitkara?

— Que veux-tu dire au juste? demande Peter.

— J'ai l'impression que cette idée vient de Chitkara et que Mère n'y souscrit pas vraiment.

— C'est une accusation très grave, dit Louis. Cela signifierait que Mère est une sorte de marionnette dans les mains de Chitkara.

— Je ne dis pas cela, mais je crois que Mère craint que son protecteur et son éventuel biographe ne lui inventent un destin.

— Je n'ai pas l'intention d'inventer quoi que ce soit, reprend Peter, et j'ai confiance en Chitkara.

— D'accord. Admettons que Chitkara soit une source sûre, il n'en demeure pas moins que toute écriture est fictive, même et peut-être surtout lorsqu'on s'efforce de raconter une vie. Il y a entre les mots et la réalité un décalage sans lequel écrire ne serait pas possible. Il me semble que ce n'est pas à des poètes que je devrais expliquer cela.

— Il ne s'agit pas de ma vie, mais de celle de Mère, proteste Peter.

— Parler de Mère, c'est toujours parler de soi.

— Ça, c'est ton point de vue, réplique Louis. Avoue donc que tu t'es désisté parce que tu ne crois pas en Mère. D'ailleurs, est-ce que tu ne m'as pas déjà dit que nous prêtions à Mère ce qui nous manquait?

— Oui, mais cela ne veut pas nécessairement dire qu'il lui manque ce que nous lui prêtons.

— Alors? demande Peter.

— Alors, l'erreur et le danger c'est de croire que Mère est celle que nous croyons. Que nous l'inventions pour mieux nous connaître, je veux bien. Mais cela ne nous autorise pas à l'enfermer dans nos propres représentations.

— Tu crains qu'elle ne soit pas à la hauteur? dit Louis.

— Qu'elle soit au-dessus, à côté ou en dessous, là n'est pas la question. Je crains que nous faussions notre relation avec elle en définissant l'inconnu qui s'y joue.

— Si tous les disciples inventent Mère, comme tu dis, est-ce que tu ne crois pas qu'une biographie, même avec sa part inévitable de fiction, pourrait mettre de l'ordre dans tout cela?

— Écoute, Peter, tu feras comme bon te semble, mais la vérité, à mon avis, est précisément dans le désordre, le déroulement et la multiplicité de nos perceptions de Mère. Un texte écrit risque de figer cela. Mère sera vivante aussi longtemps qu'elle sera objet de contradictions, qu'elle suscitera des réactions aussi diverses que le tableau de Hans, par exemple.

— Et tu ne crois pas qu'une biographie puisse nourrir ce lien avec Mère?

— Oui, tu as raison. Pourvu que tu n'écrives pas un évangile. C'est sans doute pour cela, en fin de compte, que Mère ne s'est pas objectée formellement, semble-t-il, à l'initiative de Chitkara.

— Au fait, remarque Peter, vous ne trouvez pas étrange que Mère, qui ne sait ni lire ni écrire, soit entourée d'intellectuels?

— C'est vrai ça, dit Louis, que l'impureté de l'intellect ne cesse de tracasser.

— Le contraire serait étonnant!

— Comment cela?

— Tu veux vraiment que je me répète?

— Alexandre veut dire que les contraires s'attirent, explique Peter.

— Mère serait donc attirée par nous?

— Ça, il faudrait le lui demander!

*　*　*

Depuis que Mère a décrété une période indéfinie d'ascèse, ses disciples se sont enténébrés. Levés et

147

couchés très tôt, nous évitons le plus possible de dissiper ce silence, conquis de haute lutte, dont on fait les âmes fortes. Nous qui avions l'habitude de le recevoir de Mère presque gratuitement, nous voici contraints de descendre à la mine et de lui rapporter le précieux minerai que ni ses yeux ni ses mains ne daignent peser. Chacun travaille à sa façon. François photographie le même arbre du matin au soir, comme s'il voulait en mesurer la croissance. Thérèse récite son *mantra* même à table. Hermann s'est mis au *taïshi* et poursuit dans le jardin l'ennemi invisible qui a eu raison, il y a quelques semaines, de mon Hollandais-mangeur-de-yaourt («C'est ridicule, je rentre chez moi»). Louis ne quitte pratiquement plus sa chambre, où il apprend par cœur un texte sacré que Véronique, qui occupe la chambre voisine, croit être *Savitri*, poème de trente mille vers. Peter, tout à ses nouvelles fonctions d'hagiographe, passe ses matinées en compagnie de Chitkara et le reste du temps avec l'indicible. Véronique a renoncé aux baignades et se torture à ne plus fumer. Quant à moi, je tente de maîtriser, par des exercices de *hatha-yoga*, une respiration que perturbent l'usage du tabac et la récurrence de certaines images: le suicide raté de Mère, Clara disparaissant dans les vagues ou se fracassant contre les rochers, Françoise livrée aux assauts d'un homme dont je ne distingue pas le visage, le double grimaçant d'Anthony Perkins, les trois fillettes qui s'offrent... Bref, mes efforts n'ont donné jusqu'à présent que de piètres résultats: pour une once d'or, des tonnes de plomb.

J'aimerais croire que les autres se débrouillent mieux, mais les événements de la nuit dernière m'incitent à penser le contraire. Vers deux heures, nous avons été réveillés par les hurlements de Thérèse qui venait, disait-elle, de découvrir dans la douche le corps pendu de son frère. Nous avons vainement essayé de la raisonner: «Puisque je vous dis que je l'ai vu. Allez-y voir, si vous ne me croyez pas.» François est allé vérifier. «C'est clair que tu as rêvé que ton frère s'était suicidé, à moins que... est-ce que ton frère s'est déjà suicidé?» Thérèse n'a pas répondu. Elle répétait qu'elle l'avait vu, qu'elle n'était pas folle. Jatti, qui venait d'arriver, lui a suggéré d'aller se recoucher en laissant la lumière allumée. Thérèse n'en démordait pas, il n'était pas question qu'elle remette les pieds dans cette chambre ni qu'elle dorme avant d'avoir éclairci ce mystère. Jatti s'est réfugié, comme nous l'avions fait, dans l'explication onirique. «Vous avez fait un cauchemar, c'est tout.» Cela a redoublé la fureur de Thérèse. Elle l'a harcelé jusqu'à ce qu'il avoue, à notre grande surprise, qu'un jeune Allemand s'était pendu dans cette chambre, l'année dernière. Satisfaite, Thérèse a exigé de Jatti une autre chambre et y a transporté aussitôt ses affaires. François, qui trouvait tout cela naturel, a conclu en ces termes: «Ou bien son frère s'est déjà pendu, et elle va encore nous réveiller. Ou bien il va se pendre et c'est elle qu'on va enterrer.»

* * *

Je vivais alors à la campagne et je devais avoir cinq ou six ans. C'était une de ces grises journées d'automne qui finissent comme elles ont commencé, dans l'intimité des lampes et le théâtre des fenêtres. Une de ces journées où la nuit rôde sans que les jeux et les livres puissent écarter la menace. Je ne me souviens plus de ce qui s'était passé dans la grange de ce voisin qui est venu solliciter notre aide. Avait-il fait feu sur un animal sauvage, loup, lynx ou renard, qui avait réussi à s'échapper, ou son chien s'était-il enfui après avoir été blessé par quelque mystérieux agresseur? Toujours est-il qu'il fallait absolument retrouver cette bête qui constituait, pour une raison ou pour une autre, un véritable danger. Nous pourrions la suivre à la trace puisqu'elle perdait probablement beaucoup de sang. Me voici donc, avec ma sœur aînée (était-elle armée?), à travers les champs qui s'étendent au-delà de cette voie ferrée où les wagons du C.N. transformaient en poignards les clous que je déposais sur les rails malgré l'interdiction de mes parents. Nous enjambons les clôtures, traversons des labours et inspectons timidement les abords du bosquet qui marque la limite de notre terre. Ni ma sœur ni moi n'avons l'intention de pousser plus avant notre recherche: si la bête s'est cachée dans le bois pour y mourir, vaut mieux ne pas la débusquer. Nous amorçons le retour d'un pas rapide, les yeux fixés au loin sur les lumières de notre maison. Tantôt devant, tantôt derrière, quelque chose gémit. «C'est le vent», dit ma sœur. Peu rassuré, je lui prends la main et l'oblige à courir. La pluie s'est mise à tomber, l'obscurité gagne. Nous nous étalons dans une ornière. La plainte se rapproche et je vois dans les yeux de ma sœur qu'elle aussi a très bien entendu. Nous nous relevons en silence, serrés l'un contre l'autre. Près du ravin qui longe la voie ferrée, je crois distinguer une tache jaune. Je refuse d'avancer. «Si tu vois le chien partout, Alex, on ne le trouvera jamais.» —

«Et si c'était un loup?» — «Depuis quand les loups sont-ils jaunes?» J'ai fermé les yeux jusqu'à la maison.

Le plus étrange de cette histoire dont je me suis à nouveau souvenu ce matin, c'est que je suis le seul à m'en souvenir. Quand je les questionne sur ce sujet, ni ma sœur ni ma mère ne semblent savoir de quoi je parle. Cela m'agace encore plus que le désaccord de mes parents sur l'heure de ma naissance. Car enfin, j'aimerais bien savoir pourquoi cette bête rôde dans ma mémoire depuis tant d'années.

* * *

Aujourd'hui, j'ai eu l'impression de m'être rapproché plus que jamais de cet autre moi-même dont je suis la caricature. Que de fois suis-je revenu meurtri et diminué de mes élans vers ce double parfait, inaccessible. Cette fois, les choses se sont passées différemment. Bien sûr, je sais que l'amour et l'imagination vivent de l'illusion que c'est toujours la première fois. Je maintiens néanmoins que l'expérience de ce matin était inédite.

Après quelques exercices, j'ai pris la posture du lotus qui m'est presque naturelle, sans doute à cause de mes jambes torses. J'ai fermé les yeux, et le visage de Mère m'est apparu. Nous nous regardions, comme au *darshan*, sauf qu'il n'y avait ni maître ni disciple et que je n'éprouvais ni sentiment de culpabilité ni désir de transformation. Elle et moi nous nous rencontrions, semblables et différents, à mi-chemin de la distance qui nous séparait. Puis Mère a disparu et j'ai continué de me regarder. Des images et des pensées ont commencé d'affluer. Au lieu de les rejeter, comme d'habitude, en me réfugiant derrière le cœur ou au-dessus de la tête (stratégie qui ne m'accorde qu'un sursis, car tôt ou tard je dois réintégrer la forteresse et subir les assauts de l'envahisseur), je les laissais me traverser comme des objets jetés dans le vide. Je notais, au passage, les visages, les lieux, les mots, les choses sans les chasser ni les retenir. Certains s'évanouissaient aussitôt, et ceux qui s'attardaient (Françoise, Mitra, une plage, un cerceau, une phrase) ne faisaient pas plus de bruit qu'un chat dans la lumière. Au contraire, leur présence ajoutait au silence, le solidifiait. J'ai ouvert les yeux et rien n'a changé, comme si la chambre, le jardin, la mer étaient à l'intérieur de mon corps. Si jamais quelqu'un lit ces lignes, il s'empressera de conclure que le lotus, plante ou posture, est une autre forme d'opium. Peut-être bien.

«Trouver son centre et en faire le gond qui reste immobile alors même que bat la porte», telle est la phrase, je crois, qui traînait avec les autres chats dans la poussière lumineuse du matin.

*　*　*

On m'avait pourtant prévenu que le calme apparent de la mer cache de forts courants qui peuvent à tout instant vous entraîner vers le large. Aussi est-il recommandé de ne pas s'éloigner du rivage, certains prétendent même qu'avoir pied ne vous met pas à l'abri des lames de fond. Je ne sais vraiment pas comment expliquer mon imprudence de cet après-midi, d'autant plus que je n'ai jamais été, ici ou ailleurs, un nageur téméraire. Je me souviens d'avoir pensé que Pondichéry déversait ses égouts dans la mer et que l'eau serait moins sale au-delà de la jetée. Je me suis donc mis à nager en direction de ces barques qui flottaient au loin, à une distance que j'ai sans doute mal évaluée puisque je les ai presque aussitôt perdues de vue. Quand je me suis retourné vers la côte, la jetée était maintenant à ma droite et j'ai compris que j'avais dérivé. J'ai décidé alors de mettre le cap sur la plage qui se trouvait en face de moi et de marcher ensuite jusqu'au Guest House. J'ai nagé facilement pendant cinq ou dix minutes et il ne me restait qu'une centaine de mètres à franchir quand le cauchemar a commencé. J'avais beau crawler de toutes mes forces, je ne parvenais pas à avancer, je perdais en une seconde ce que j'avais gagné en dix. On aurait dit que la mer défendait jalousement le rivage et attendait tout simplement que je m'épuise. J'ai tenté de déjouer ses calculs en nageant entre deux eaux: peine perdue, le courant était sans failles. Comme je ne pourrais résister encore longtemps et que la plage était déserte, il valait mieux abandonner. Le secours ne pouvait venir que du large. Je me suis mis sur le dos pour reprendre mon souffle. Peu à peu mes oreilles ont cessé de bourdonner, mes muscles se sont relâchés, la mer se retirait de moi, je la sentais glisser doucement sous mon corps. Au milieu d'une volée d'oiseaux blancs (des grues?), un oiseau noir (un corbeau?) planait dans un ciel incroyablement bleu. À me laisser ainsi porter, je n'avais rien à craindre. Pour cela, il me fallait combattre ce violent désir de regagner la rive, cette peur de la mort qui risquait de rompre le fragile équilibre qui me maintenait tel un gisant au-dessus de l'abîme. Quand les pêcheurs m'ont recueilli, j'étais cloué sur mon rocher, avec ma ligne et mes hameçons, face au lac encore recouvert de brumes.

Mes sauveteurs m'ont raccompagné au Guest House. Je ne savais trop comment les remercier: que valait une vie, que valait ma vie? La nouvelle s'est aussitôt répandue. Jatti était convaincu que cela n'avait pu se produire sur la plage du Guest House puisque Mère l'avait jadis bénie pour «protéger ses disciples», dit-il en insistant sur le possessif. Tous les camarades ont évidemment blâmé mon imprudence et se sont lancés dans le récit de noyades plus ou moins étranges.

Peter a raconté qu'un peintre anglais, qui avait planté son chevalet sur l'une des plages de la côte atlantique, avait été happé par une vague, sous le regard impuissant de sa femme qui se trouvait à quelques pas de lui. François lui a demandé s'il avait lu cette histoire dans Agatha Christie, Véronique s'est félicitée de sa résolution de ne plus se baigner, Mitra nous a appris qu'il se noyait chaque année à Pondichéry au moins une quinzaine de personnes. De toute façon, selon François, il fallait être fou pour se baigner dans cette merde. Hermann, quant à lui, continuerait de se baigner: il ne fallait pas s'empêcher de vivre à cause de quelques accidents. Louis, jusque-là silencieux, a dit que toutes les noyades n'étaient pas accidentelles. Véronique s'est tournée vers moi: «Voyons, c'est grotesque! Alexandre n'a pas voulu se...» Louis ne pensait pas précisément à moi, mais à cette histoire qu'un membre de l'ashram lui avait racontée: un disciple, à qui Mère avait demandé de quitter l'ashram et qui avait refusé de le faire, s'était mystérieusement noyé quelques jours plus tard. «Elle est horrible, ton histoire», s'est exclamé Peter. «Comme ça, cette Mère Mira bénissait la plage et ensuite y noyait son monde», a ajouté François. Thérèse, qui connaissait aussi cette histoire, a rectifié le récit de Louis: le disciple s'était noyé parce qu'il avait voulu quitter l'ashram, malgré les conseils de Mère. «Mais c'est encore plus horrible», s'est indigné Hermann. Mitra a apaisé tous les esprits, sauf celui de Louis qui tenait à sa version, en rappelant que l'océan Indien avait fait bien des victimes avant même que Mère et Shri Aurobindo s'installent à Pondichéry. Puis, comme c'était bientôt l'heure de la méditation, mes visiteurs se sont tout à coup souvenus de ma présence et m'ont enfin laissé seul. Après leur départ, je suis descendu à la plage et j'y suis resté jusqu'à la tombée de la nuit.

157

LES SILENCES DU CORBEAU

* * *

Ai-je voulu ou non me noyer? Je tourne et retourne la question sans pouvoir y répondre. Bien sûr, si le suicide se définit par la volonté consciente de mourir, je n'ai pas à me disculper d'une telle accusation. Lorsque je suis entré dans l'eau, je n'ai à aucun moment songé à la mort. Si quelqu'un m'avait dit que cette baignade risquait de m'être funeste, je ne me serais même pas trempé le gros orteil. Je n'avais aucune raison de vouloir mourir. Au contraire, il me semblait que, depuis cette expérience heureuse de l'autre jour, je pouvais à la fois être «le gond immobile et la porte qui bat», «un éternel enfant jouant dans un éternel jardin» et un adulte livré à l'énigme du temps. J'avais l'impression qu'il me suffisait de ne rien nier pour échapper à la contradiction, que j'étais pour le meilleur et pour le pire ceci et cela, que je n'avais pas à choisir entre le désir de vivre et la nostalgie de ne pas être né. Bref, je commençais à m'approcher des choses et de moi-même sans en ressentir aussitôt l'imperfection. Est-il possible que j'aie été victime d'une sorte d'opium, que j'aie basculé dans le lointain alors même que la vie la plus quotidienne, la plus modeste semblait me combler? Se peut-il que la mort se cache dans la plénitude de l'instant? Que ce soit les gens trop heureux qui se suicident?

*   *   *

Il semble bien que François ne puisse supporter davantage cette épreuve du réel à laquelle Mère l'a soumis depuis son arrivée. Je croyais qu'il avait trouvé dans la photographie une façon de se réconcilier avec l'être tel qu'il s'offre dans la miraculeuse répétition des jours, que l'arbre auquel il s'était attaché ces derniers temps lui avait fait oublier ses anciennes visions. C'était sous-estimer l'emprise de l'imaginaire sur cet esprit foncièrement religieux: pour qui a visité les paradis et les enfers, artificiels ou non, je suppose qu'une Canon F-1 est un piètre troisième œil. Moi qui n'ai aucun goût pour les drogues et qui survis assez bien à mes rêves, comment se fait-il que toute ma vie j'aie côtoyé des êtres que la folie, sous une forme ou sous une autre, séduit et tyrannise? Ainsi c'est à moi que Mère a confié François après sa crise de cet après-midi.

Nous étions tous en méditation, espérant

plus ou moins que Mère allait recommencer les *pranams* et les *darshans*, quand tout à coup François s'est agenouillé devant Mère. Comme elle n'ouvrait pas les yeux et que Chitkara montrait des signes d'impatience, François s'est mis à crier, en français: «Fais quelque chose! J'en ai assez de toute cette mascarade!» Mère s'est tournée vers Chitkara et lui a dit quelques mots sur un ton très calme. Avant même que Chitkara ne me demande de le ramener à sa chambre, François avait quitté la salle. Je l'ai rejoint dans la rue. Il pleurait comme un enfant égaré. Que pouvais-je dire ou faire? La souffrance d'autrui, même lorsqu'on en connaît la cause, est une porte verrouillée de l'intérieur contre laquelle on ne peut que frapper discrètement pour que l'autre sache qu'il n'est pas seul.

Je marchais donc en silence, m'efforçant de comprendre ce qui empêchait François de goûter la fraîcheur et la paix de cette fin d'après-midi. Je pensais à Kafka qui disait à un de ses amis expressionnistes que «le plus extraordinaire, c'est que les toits des maisons ne s'envolent pas». François a frappé à la porte: «Dis quelque chose.» Je n'ai pas répondu. «Allez, dis-le ce que tu penses!» J'aurais dû savoir qu'il voulait entendre une voix et non que j'ajoute à sa souffrance en essayant de la raisonner.

— Je pense à toi, à tous ceux qui fuient cette rue, ces maisons, cette lumière, pour je ne sais trop quel monde.

— Tu parles de ce que tu ne connais pas.

— Je sais, c'est pourquoi je veux que tu m'en parles.

— Ça ne donnerait rien d'en parler. Si tu ne vois rien, tu ne vois rien.

— Pourquoi ce que je ne vois pas serait-il plus vrai ou plus intéressant que ce que je vois? Pourquoi ce que tu vois les yeux fermés serait-il plus vrai que ce que tu vois les yeux ouverts?

— Parce qu'on ne peut pas se contenter de cela. Ta lumière, tes maisons, c'est tellement ridicule. Si tu avais vécu une seule fois cette autre vie plus intense, plus étrange...

— Je vais sans doute dire une bêtise, mais il m'arrive de penser que c'est exactement le contraire qui se passe.

— Qu'est-ce que tu veux dire?

— Que tous ceux, comme toi, qui vivent ailleurs, dans les visions, dans les expériences, sont ceux qui ne peuvent pas supporter l'étrangeté, l'intensité de cette vie que tu dis ridicule.

— Tu dis des bêtises.

— Peut-être, mais qu'un arbre soit un arbre, par exemple, et rien d'autre qu'un arbre, cela ne te semble pas étrange? Que tu le regardes pendant des heures et qu'il reste un arbre.

— Il n'y a que les aveugles ou les voyeurs qui regardent comme ça. Pourquoi penses-tu que j'ai photographié le même arbre cinquante ou soixante fois? Parce qu'il change sans cesse, parce que j'y vois toutes sortes de choses.

— Et quand tu la regardes, il ne se passe toujours rien?

— Tu parles de cette femme qui se fout de notre gueule? Qui nous promet la lune et qui s'endort sur sa chaise?

*   *   *

Je repense à ma conversation avec François et je me demande si cette volonté de me tenir à l'écart de toute erreur, sous prétexte que je suis né en forêt un matin de juillet, ne procède pas d'une peur, d'une trahison encore plus grande de la vie. Car je dois reconnaître que tous ceux qui cèdent à la folie, quelle qu'elle soit, me semblent malgré tout plus près de saisir la réalité avec laquelle ils entretiennent une relation impossible, suicidaire. Ils demandent à chaque chose d'être un monde et chaque chose devient un monde qui les emprisonne. On dirait des amants qui s'enlacent et se déchirent, se retrouvent et se perdent dans un désir renouvelé que l'autre ne pourra jamais satisfaire. Cet amour tumultueux de la vie intimement mêlée à la mort ne vaut-il pas mieux que la confortable sagesse à laquelle j'aspire, jardinier aux mains propres qui cultiverait du regard, jusqu'à ce qu'ils atteignent à la transparence, les êtres et les objets dont il se nourrit? Je sais bien qu'il y a plusieurs manières de vivre, de voir, que la connaissance qui brûle les formes est aussi valable que l'amour qui les épouse toutes, mais cela ne me convainc guère. Lorsque je songe à François, à Louis ou à Véronique, qui se donnent à Mère au point de ne plus pouvoir vivre si elle feint de les abandonner, à Étienne qui adore Kali et les prostituées, à Clara dont je refuse les vingt ans, à Françoise qui s'enfonce dans le silence, je me dis que ma voie est peut-être la bonne mais que je marche encore à côté. À mi-chemin du bordel et du monastère, de l'amour et de la connaissance, j'éprouve toutes les tentations sans céder à aucune, semblable à un joueur qui miserait à la fois sur le rouge et sur le noir. Je regarde les autres jouer à ma place et me permets même de commenter leur jeu. François a raison, je suis un voyeur.

LES SILENCES DU CORBEAU

* * *

Si j'en juge par l'expérience de Peter, le métier d'hagiographe n'est pas de tout repos et je me réjouis d'avoir décliné l'offre de Chitkara. Dès qu'on fréquente les anges, les démons rappliquent, comme ces amis ou voisins qui flairent immanquablement le silence dans lequel on vient tout juste de se retirer: «Excuse-moi, mais il fallait que je te dérange, c'était plus fort que moi.» C'est du moins ainsi que Peter semble expliquer la triste aventure dont il a été victime ce soir.

Comme je m'apprêtais à me coucher, il s'est engouffré dans ma chambre en répétant qu'on voulait le tuer. Il avait le visage ensanglanté et sa belle tunique orange était en lambeaux. Après m'être assuré qu'il n'était pas poursuivi, j'ai fermé la porte à clé et l'ai réconforté du mieux que j'ai pu: il n'avait plus rien à craindre, personne n'oserait pénétrer dans le Guest House, sa blessure au front était à peine plus profonde qu'une égratignure, il n'avait pas de raison de s'évanouir. Je l'ai étendu sur le lit et lui ai lavé le visage. Alors il m'a pris la main et d'un geste naturellement théâtral l'a déposée sur sa poitrine en fermant les yeux. Je la lui ai laissée pendant quelques instants, ne sachant trop comment me dégager sans que cela le blesse. J'aime bien Peter, mais ma main sur sa poitrine même meurtrie me semblait aussi déplacée qu'une citation latine dans un vaudeville. Finalement, je l'ai giflé gentiment: «Eh là, tu ne vas pas mourir dans mon lit!» Il a ouvert les yeux et n'en finissait plus de me remercier de lui avoir sauvé la vie. Sa gratitude n'était-elle pas un peu excessive? «Non, a-t-il insisté, tu ne peux savoir ce que ta présence me fait après...» De crainte qu'il ne me reprenne la main, je lui ai offert une cigarette et lui ai demandé de me raconter ce qui s'était passé.

Après avoir dîné au *Indian Tea Room* («Tu sais, là où nous nous sommes connus»), il avait flâné dans le quartier du marché et s'était retrouvé sous le balcon de Mère («J'avais l'impression qu'elle m'appelait»). Mère n'était pas au rendez-vous, mais au coin de la rue trois hommes appuyés contre leurs *rickjaws* l'attendaient («Torse nu, l'œil mauvais, de vrais fauves») pour lui offrir leurs services. Peter leur a répondu poliment qu'il préférait marcher. Ils lui ont bloqué le chemin et ironiquement l'ont mis en garde contre les dangers auxquels il s'exposait ainsi: «Les rues ne sont pas sûres à cette heure-ci.» Comme Peter les remerciait de leur sollicitude («Oui, c'est le mot que j'ai utilisé. Pourquoi me demandes-tu cela?»), l'un deux a ajouté: «Surtout pour une belle grande fille comme toi.» Peter leur a donné dix roupies, ils en voulaient quinze pour que ça se divise mieux. Il a donc rajouté cinq roupies, ils l'ont laissé passer et l'ont suivi en sifflant. Peter leur a demandé ce qu'ils voulaient. Ils ont répondu qu'ils n'étaient pas des mendiants, qu'ils voulaient donner satisfaction à la cliente qui les avait si bien payés. Celui qui avait employé le féminin a fait un geste grossier et les deux autres se sont jetés sur Peter qui, en se débattant, a heurté de la tête la roue d'un des *rick-jaws*. La vue du sang les a excités davantage.

— Ils se sont mis à me tripoter en disant des obscénités, ils m'ont forcé à… c'était horrible! J'ai réussi à me libérer je ne sais comment et j'ai couru jusqu'ici sans m'arrêter.

— Est-ce que tu pourrais les reconnaître?

— Je ne pourrai jamais oublier.

— Est-ce que tu vas porter plainte?

— Tu veux rire? Un Anglais, un homo-sexuel, porter plainte contre des Indiens!

— Tu as été agressé, non?

— Mais la question n'est pas là! Tu ne sais pas qu'un homosexuel ne pense qu'à la chose, qu'il ne peut pas ne pas avoir désiré être violé. Dès qu'une femme ou un homosexuel est agressé, tous les policiers et les juges sont d'accord: com-

ment, la victime prétend ne pas avoir joui? Le
sexe masculin pourrait ne pas être désirable?

— Voyons, tu exagères.

— Même toi, Alexandre, avoue que tu ne
me crois pas innocent, que tu me reproches de
m'être promené seul, à une heure tardive, vêtu
d'une tunique orange.

— Tu sais bien que non.

— Alors pourquoi étais-tu gêné de me donner ta main? Avais-tu peur que je la souille?

— Écoute, Peter, la question n'est pas là,
c'est un réflexe...

— Un réflexe de défense contre un vulgaire
homosexuel qui vient de s'offrir trois minables
pour quinze roupies.

— Tais-toi, tu dis n'importe quoi! Essaie
plutôt de dormir.

— Je ne dormirai pas ici, j'ai déjà assez
abusé de toi.

— Je t'assure que tu peux rester, ça ne me
gêne pas du tout.

— C'est moi que ça gêne. Bonne nuit!

*   *   *

Je ne sais si Peter a réussi à dormir, mais j'aurais
mieux fait, quant à moi, de ne pas me coucher.

La nuit ne porte pas conseil, elle ligote et étrangle la conscience avec ses propres racines. À bien y penser, dormir, livrer son corps aux dérèglements de l'esprit, l'exposer à tous les règlements de compte, cela n'est-il pas la pire imprudence? En tout cas, je me serais bien passé d'assister aux viols de Françoise et de Clara. Je pourrais toujours me dire que ça n'a rien à voir avec la réalité, que le rêve à court d'inspiration a plagié le récit de Peter, comme ces bons vieux freudiens qui croient que l'inconscient répète la leçon du maître. Hélas, je ne peux pas m'en tirer aussi facilement, car ce n'est pas la première fois que le viol (imaginaire?) de Françoise me trouble, et je ne sais plus si certains détails sordides du viol de Clara appartiennent au rêve ou au récit (très allusif) qu'elle m'en a fait: par exemple, est-il vrai que ses deux agresseurs ont mordu jusqu'au sang chaque centimètre de son corps? J'ose espérer qu'il n'en est rien et que Françoise, de son côté, n'a été victime que de la promiscuité de Clara à laquelle mon imagination la condamne. D'ailleurs, comment aurait-elle pu garder le silence? Pourquoi ne m'aurait-elle rien dit?

Hypocrite, va, tu connais déjà la réponse. Françoise ne t'aurait rien dit par peur de ta réaction. Qu'éprouvais-tu, cette nuit, lorsqu'elle gémissait sous le corps d'un autre? Lorsque Clara se laissait dévorer par ceux qui ne pouvaient être que ses amants? Jaloux, oui, j'étais jaloux. Je ne pouvais supporter de les voir ainsi livrées à d'autres désirs que le mien. N'est-ce pas pour cela, pour ne pas avoir à partager mon plaisir ou à en reconnaître la violence, que je les imaginais tantôt innocentes tantôt coupables? Et si j'avais désiré Peter, ne l'aurais-je pas à mon tour violé pour le consoler et le punir?

J'écrivais, l'autre jour, que la souffrance d'autrui est une porte verrouillée de l'intérieur. J'aurais dû écrire plutôt que ceux qui s'enferment dans la souffrance le font pour se protéger de la sympathie d'autrui.

* * *

Entretien avec Étienne au sujet de «la petite troupe des élus». Il ne veut évidemment pas se mêler de ce qui ne le regarde pas. «Il y a belle lurette que je n'ai plus charge d'âmes et que je ne m'encombre même plus de la mienne.» Mais le comportement de nos amis l'inquiète. Il a rencontré, dans le café «tenu par les deux jolies Vietnamiennes», François, Hermann et Hans, «complètement partis», qui fumaient sans se cacher. Il n'a rien contre le hasch, sauf que les gars devraient faire attention puisque Pondichéry se prend pour une ville sainte et que la consommation d'alcool, de drogues ou de femmes y est interdite. Comme il leur conseillait gentiment la discrétion, François l'avait rabroué: il n'avait pas de conseils à recevoir d'un ex-gourou, il n'y avait que le hasch qui valait quelque chose dans ce putain de pays. Par ailleurs, Louis a cessé de corriger le manuscrit d'Étienne sous prétexte qu'il ne pouvait plus perdre une seconde à écrire ou à lire des textes profanes. Étienne a voulu défendre ses propres écritures («Dieu parle dans tout texte sincère») mais Louis avait déjà pris congé en récitant à voix haute une histoire de dieux et de lions. Peter, semblait-il, avait décidé de ne plus quitter sa chambre, Thérèse ne l'avait pas salué et Véronique, qu'il venait de croiser dans la salle à manger, se rongeait les ongles en fixant le vide.

— Veux-tu bien me dire ce qui se passe? On dirait que vous êtes tous devenus cinglés, je veux dire, qu'ils sont tous devenus cinglés.

— Moi aussi, j'ai des expériences. Tu ne sais pas que j'ai failli me noyer en marchant sur les eaux?

— Tu blagues, voyons! C'était un accident,

une imprudence, non?

— C'est toi qui parles ainsi? Toi, le poète des libellules, l'illuminé du Gabon!

— C'était pas la même chose!

— C'est toujours la même chose.

— Qu'est-ce que tu veux dire?

— Que la meilleure façon de s'égarer, c'est de vouloir changer de peau.

— D'abord pourquoi es-tu venu ici?

— Sans doute pour cela, pour me guérir de cette impatience, pour apprendre à mourir cent fois par jour, au lieu d'espérer une seule et spectaculaire métamorphose. L'Hindou, lui, n'est pas pressé: si ce n'est pas dans cette vie, ce sera dans une autre! On le croit aussi inerte qu'une plante ou qu'un caillou. Erreur: il fait dans le long terme.

— Ne me dis pas que tu crois à la réincarnation.

— Disons plutôt que j'essaie d'enterrer mes morts sans faire de bruit.

*   *   *

Nouvel accrochage entre Hermann et Jatti, cette fois au sujet de la drogue. Hermann s'était allumé un joint et François s'apprêtait à en faire autant, quand Jatti, alerté par l'odeur ou par un domestique, est entré dans la salle à manger. Tout y est passé: la grossièreté américaine («Vous les Américains!»), la conduite scandaleuse des disciples de cette pseudo-mère («On reconnaît l'arbre à ses fruits»), les retards sur le loyer («Si vous croyez que c'est l'ashram qui va payer votre poison»), la défense du pays («Vous souillez le sol sacré de l'Inde»). Si les coupables s'étaient excusés ou avaient reconnu leur erreur, je crois que les choses auraient pu s'arranger. Véronique pense, au contraire, que l'administrateur conciliant se double d'un fanatique qui ne ratera aucune occasion de se débarrasser de tous ceux qui fréquentent la «fausse Mère». Toujours est-il qu'Hermann l'a traité de Tartuffe xénophobe, et que François l'a accusé de louer des «chiottes bénies». Résultat: tous deux ont été expulsés du Guest House. «Vous avez dix minutes pour quitter les lieux, sinon j'appelle les policiers.»

Une heure plus tard, un Jatti étonnamment calme et affable frappe à ma porte. Il tient à m'expliquer son geste. «Vous comprenez, cela ne pouvait durer. Vos jeunes amis sont allés trop loin.» Je lui réponds plutôt froidement que c'est lui le patron, que je n'ai pas à juger les règlements de son établissement et que je ne suis pas responsable de mes amis. Là-dessus il enchaîne qu'eux non plus ne sont peut-être pas responsables de leurs actes. Je devine où il veut en venir et je déplore aussitôt les erreurs inévitables de la jeunesse, les méfaits du tabac dont je fais — hélas — encore usage, les ornières de la drogue sur la route des Indes. Il abonde dans le même sens, mais il est d'autres dangers encore plus grands qui guettent les étrangers venus chercher ici la vérité et la sagesse:

— L'Inde, vous savez, est remplie de charlatans dont les Occidentaux ne se méfient pas assez. Par exemple, cette femme qui se fait passer pour Mère accorde, paraît-il, des *pranams*.

— Oui, et alors?

— Vous devez savoir qu'il est très dangereux de se laisser toucher la tête par de faux maîtres. Je ne serais pas étonné que vos jeunes amis aient été ensorcelés par cette femme.

— Si cela est le cas, nous n'y pouvons rien. Peut-être désirent-ils être ensorcelés. Vous savez, les risques de cancer n'empêchent pas les gens de fumer.

— Votre comparaison ne tient pas car les fumeurs n'ont pas le choix entre deux tabacs, un qui serait nocif et un autre qui serait bénéfique.

— Autrement dit, nous avons le choix entre les bons et les mauvais maîtres?

— Évidemment.

— Et comment les distingue-t-on?

— C'est simple: quelqu'un ne peut prétendre être un maître s'il n'a pas été reconnu tel par d'autres maîtres.

— Je comprends. Nous avons à peu près le même système chez nous: un médecin, un dentiste, un écrivain doit être reconnu par ses pairs s'il veut pratiquer son art. Mais je ne suis pas certain que cela nous mette à l'abri des charlatans. De toute façon, ne dites-vous pas ici que «lorsque le disciple est prêt, le maître apparaît»?

— C'est juste.

— Alors de deux choses l'une: ou nous sommes prêts et cette femme que nous fréquentons est un maître, ou nous ne sommes pas prêts et alors n'importe qui peut faire l'affaire.

Jatti n'était pas sûr d'avoir compris mon raisonnement. Il s'est retiré en me répétant qu'il m'avait prévenu, sans que je sache très bien s'il faisait allusion aux torts spirituels que j'encourais ou à mon éventuelle expulsion du Guest House.

* * *

Chitkara me demande des nouvelles de Peter, qu'il n'a pas vu depuis quelques jours. Je lui réponds que Peter est malade et que je ne sais pas quand il sera en mesure de sortir. Sans se départir de son ineffable sourire, il me dit qu'il est au courant de tout (Louis, qui partage désormais son temps entre la lecture de *Savitri* et le chevet de son ami, l'aura renseigné), que de tels événements ne se produiraient pas si nous étions plus près de Mère. Cette remarque, faite avec l'assurance triomphaliste d'un jeune confesseur, m'a choqué. Je me suis étonné qu'il me demande des nouvelles de Peter puisqu'il était déjà au courant et qu'il profite ainsi du malheur d'un disciple pour célébrer la puissance du maître. J'ai même ajouté méchamment que lui-même, qui vivait pourtant sous le toit de Mère, ne me semblait pas à l'abri de tous les maux (il respire et tousse comme une de ces vieilles locomotives à vapeur qu'on trouve encore ici).

J'aurais dû me taire au lieu d'interpréter hâtivement ses propos et de me donner bonne conscience en me portant au secours d'un ami que j'avais moi-même blessé. La violence de ma réaction l'a complètement dérouté. Comment avais-je pu croire qu'il reprochait à Peter d'avoir été agressé par des voleurs? L'allusion à ce malheureux incident n'était qu'une introduction au généreux projet qu'il voulait m'exposer: créer un nouvel ashram où nous pourrions tous vivre près

de Mère et bénéficier de «descentes presque inin-
terrompues de lumière divine». Cela assurerait à
tous une protection spéciale contre le monde extérieur, qui toujours résiste à ceux qui veulent sa
transformation. Il suffirait de louer ou d'acheter
une grande maison où rien ne nous détournerait
de la poursuite de la vérité. Ce que j'en pensais?
Avant de me prononcer, j'aurais aimé savoir si
cette idée, comme celle de la biographie, émanait
de Mère ou de lui, mais je n'ai pas osé le demander.

— Avez-vous songé aux difficultés que com-
porte la réalisation d'un tel projet?

— Il ne s'agit pas d'acheter un palace! Il y a
autour de Pondichéry de modestes maisons qui
ne coûtent presque rien.

— Je ne pensais pas surtout à cela, encore
que l'aspect financier mérite réflexion. Vous
savez, les disciples de Mère ne sont ni nombreux
ni très riches.

— L'argent n'est pas un problème, Mère et
le divin vont s'en occuper.

— Oui, la vraie question est de savoir si c'est
une bonne idée de vouloir protéger le disciple
contre lui-même en le coupant du monde. Votre
premier maître, Shri Aurobindo, ne disait-il pas
que toute vie est un yoga, que le yoga doit être
intégral?

— Oui, mais il a fondé un ashram et il n'est pas sorti de sa chambre pendant vingt ans.

— Ce qui est bon pour le maître ne l'est pas nécessairement pour le disciple.

— Ce que vous dites est absurde.

— Autre chose: avez-vous pensé que les disciples sont souvent la pire épreuve du maître? Est-ce que vous êtes prêt à exposer Mère à un tel danger? Est-ce que Mère est prête à se laisser dévorer par ses enfants?

— Bref, vous vous objectez à mon projet.

— Je ne m'y objecte pas. Pour tout vous dire, je le trouve même séduisant. Seulement, j'espère que j'aurai la force d'y résister.

*   *   *

Hier, après avoir relaté dans ce journal ma conversation avec Chitkara, j'aurais volontiers pris le premier avion venu. L'Inde me semblait un immense ashram qui menaçait de se refermer sur moi. Comme il n'y a pas d'aéroport à Pondichéry, je me suis néanmoins rassuré en disposant sur ma table de chevet passeport, billet de retour et chèques de voyage. Contrairement à ce que je pensais, je n'ai eu aucun mal à m'endormir. Mais les rêves, c'est bien connu, sont des pirates qui vous détournent immanquablement sur la réalité que vous voulez fuir. Je me suis donc, une fois de plus, retrouvé en prison. Le corbeau passait et repassait devant la fenêtre de mon cachot, en effleurant les barreaux du bout de ses ailes. J'étais là depuis des années, des siècles, plus personne ne se souvenait de moi, de cette prison, et moi-même je ne me souvenais plus de celui qui avait été incarcéré. Puis une multitude d'oiseaux blancs ont jailli des murs, comme des poussins qui brisent leur coque, et je me suis réveillé juste avant qu'ils ne m'assaillent.

Je me suis levé, j'ai pris une douche et je suis descendu à la plage. Nuit sans lune, mer calme. Ma décision était prise: demain, oui, je partirai demain. Malgré la peur de rencontrer un de ces chiens affamés qui rôdent autour des villages de pêcheurs, j'ai marché en direction de ce point rouge, probablement un feu de camp, aperçu au-delà de la jetée. Je n'allais quand même pas interrompre ma promenade pour si peu, comme cela m'était arrivé si souvent sur cette plage ou à la campagne, où je ne peux faire un pas sans que les jappements du moindre chiot me barrent la route. C'est humiliant, à la fin, cette peur des chiens, que les Hindous qualifient avec raison d'animaux impurs. Et pourquoi cette autre peur de fréquenter, même en plein jour, les quartiers louches de certaines villes? Je continuais d'avancer, furieux contre moi-même, ruminant ces peurs qui m'apparaissaient tout à coup comme le signe d'une faiblesse encore plus profonde. À quoi bon réfléchir et résoudre les problèmes les plus complexes, si je suis incapable d'entrer naturellement dans un bar minable ou de dompter tous ces pauvres toutous qui se prennent pour des cerbères? J'avais beau me dire que cela n'avait pas vraiment d'importance, que personne ne pouvait maîtriser totalement sa pensée et son corps, je n'en éprouvais pas moins ce sentiment d'impuissance qu'exacerbait d'ailleurs tout échec personnel, quel qu'il soit: incapacité de renoncer au tabac ou de fixer une étagère sur le mur, défaite dans une compétition sportive, difficulté à lire un texte scientifique ou le mode d'emploi d'un appareil ménager, peur des chiens, peur des bordels... Cette nuit, les choses allaient changer! Je me sentais d'attaque et souhaitais même que l'obscurité lâche sur moi ses bêtes les plus redoutables. Je me suis mis à japper, histoire de les provoquer, mais aucune évidemment n'a osé se manifester. Fier de cette première victoire, j'ai parcouru en silence la distance qui me séparait du feu rougeoyant faiblement au ras du sol. À quelques mètres du but, je me suis arrêté net: une forme noire était allongée près de la braise. Le cœur me battait à tout rompre. J'avais voulu la bagarre, je l'aurais. Je m'attendais à ce que le chien bondisse, au lieu de quoi j'ai entendu une frêle voix me demander ironiquement si cela m'arrivait souvent d'aboyer.

Elle était Américaine et n'avait peur de rien, ni des chiens ni des hommes. Hier la Turquie, aujourd'hui l'Inde, demain... Bien sûr, elle avait vingt ans, la taille mince et les cheveux blonds. Oui, elle connaissait les îles grecques. Non, elle ne s'appelait pas Clara. Elle m'a demandé de raviver le feu. Je n'avais rien à craindre, je pourrais même la mordre si j'en avais envie. Mon Dieu, tout était si simple, si facile! Un jeans, un t-shirt... Étienne avait bien raison: ce n'était pas le plaisir mais la peur du serpent qui nous avait chassés du paradis.

Nous nous sommes quittés à l'aube, sans regret, sans promesse. C'était la première fois que les choses se passaient ainsi et c'était bien. Quand je me suis réveillé au début de l'après-midi, j'ai mis quelque temps à démêler le rêve de la réalité. Je suis retourné sur la plage. Il n'y avait sur le sable ni cendres ni traces de nos corps. La marée avait tout effacé. J'ai pensé à Françoise, à

Clara et je suis revenu sur ma décision de la veille:
je ne partirais pas d'ici aussi longtemps que leur
souvenir continuerait de me troubler.

De retour à ma chambre, je tombe sur cette
parabole hindoue: «L'univers est une corde aban-
donnée dans un champ qu'un passant dans la
pénombre prend pour un serpent.»

* * *

Hermann et François, que la drogue et leur
exclusion du Guest House ont rapprochés, ont
loué «un charmant petit appartement avec vue
sur la mer» (Hermann) et ont décidé qu'il «fallait
fêter ça» (François). Cette idée ne me souriait pas
tellement, je craignais qu'il y ait du hasch même
dans le potage et qu'il faille enfoncer ensemble les
portes de la perception, mais je n'avais pas le
choix: tous, à l'exception d'Étienne, avaient
décliné l'invitation. Ma ponctualité maladive (je
suis sûr de devancer ma mort de quelques mois,
voire de quelques années!) m'a fait commettre
une autre impolitesse. On m'avait dit «entre dix-
neuf heures et dix-neuf heures trente», et je me
suis présenté, bien sûr, à moins cinq, après avoir

fait le tour du pâté de maisons deux ou trois fois. Hermann m'a ouvert, tout ruisselant et fumant, une serviette nouée à la taille. Je me suis excusé de l'avoir tiré de la douche. Pendant qu'il me conduisait au salon, j'ai aperçu François, complètement nu, qui traversait le couloir en toute hâte. Ça commençait bien. Valait mieux faire celui qui n'a rien vu et espérer que mes hôtes seraient plus discrets que moi. Hélas, c'était sous-estimer la franchise ou la mauvaise humeur de François.

— Si tu étais arrivé quinze minutes plus tôt, tu aurais pu prendre ta douche avec nous!

— L'appartement est bien, dit Hermann, seulement il n'y a pas assez d'eau dans le réservoir pour prendre deux douches de suite.

— Voyons, tu le prends pour un imbécile? Tu ne vois pas qu'il ne sait plus où se mettre, qu'il se demande comment s'en sortir.

— Écoute, François, ce n'est pas la première fois que je vois deux hommes ensemble, si c'est ce dont tu parles.

— Je sais ce que tu penses et je m'en fous.

— Alors, parlons d'autre chose, veux-tu?

— Ce n'est pas parce que je vis avec Hermann que je suis une tapette, si tu veux le savoir.

— Calme-toi, intervient Hermann, tu vas gâcher notre soirée.

— Quelle soirée?

— Fais pas l'idiot! Tu sais très bien qu'A-
lexandre et Étienne viennent pendre la crémaillère.

— La crémaillère, ils pourront se la mettre
dans le cul. Bonsoir!

Hermann m'offre un jus en me priant d'excuser François «qui fume beaucoup trop ces
jours-ci». Je lui propose de remettre cette soirée à
plus tard, quand François ira mieux. Il n'en est
pas question, Étienne va arriver d'un instant à
l'autre, le dîner est déjà prêt et François va revenir. Il retourne à la cuisine (non, il n'a pas besoin
d'aide) et je me mets à feuilleter les photos qui
traînent sur le divan (une indiscrétion de plus ou
de moins!): Mère en sari bleu, blanc, rouge, noir,
Hermann avec ou sans slip, de dos ou de face,
guitare ou pénis à la main, et toute une forêt de ce
palmier dont François s'était épris il y a quelque
temps. Je mêle les photos et les fais défiler rapidement entre mes doigts. Cette animation rudimen-
taire donne des séquences (femme-guitare-
palmier-pénis...) que je n'ai pas le temps d'analyser puisque Étienne arrive presque aussitôt. Il
exhibe avec fierté une bouteille de rouge, s'informe de François, se satisfait de l'explication
évasive d'Hermann, visite l'appartement et con-
clut qu'il n'y a pas de plus grand plaisir que de se

rencontrer, entre amis, à l'autre bout du monde, sans autre souci que d'être heureux.

Après cette bénédiction, nous entamons la bouteille et une conversation à bâtons rompus. Hermann nous emmène dans la Forêt Noire. Je regrette que ma chère Mauricie n'ait donné que du papier journal. Étienne s'émeut au souvenir de la beauté primitive de l'Afrique. Vingt heures trente, toujours pas de François. Nous passons à table et le curry de volaille nous ramène à l'Inde, à son idéalisme (Hermann: «Avez-vous remarqué que souvent la paperasse administrative a pour en-têtes des invocations à la divinité?» — Étienne: «Oui, et j'ai même vu une affiche publicitaire de la *Indian Oil* se réclamant de Shri Aurobindo!»), à certaines de ses coutumes (Étienne: «Est-ce que les mariages d'enfants sont encore permis? Ça pourrait m'intéresser»), à ses gourous (Hermann songe aussi au Tibet), à ses bordels (Étienne rêve de Bangkok). François arrive pour le dessert (mousse à la mangue), toujours de fort mauvaise humeur:

— Je suppose que vous parlez encore de Kali, de Mère et autres foutaises du même genre?

— Pas précisément, répond Étienne. Je disais que j'aimerais bien aller à Bangkok.

— Ça doit être encore un trou!

— Peut-être, mais c'est là qu'on trouve les

plus belles femmes du monde. On dit que celui qui n'a jamais connu une Thaïlandaise est encore un puceau.

— T'es un vrai obsédé, ma foi! Moi, je pense qu'un défroqué, même s'il couchait avec la Vierge Marie, ce serait encore un puceau.

— Bon, je crois qu'il se fait tard.

Hermann a insisté pour que nous prenions le café et François s'est enfermé dans sa chambre. Étienne a discouru brièvement sur «cette saleté de drogue» sous le regard hypocrite d'Hermann, vierge folle souffrant en silence la voluptueuse terreur de l'époux infernal. Drôle de ménage, comme tous les ménages d'ailleurs que la violence du plaisir soude et pulvérise. Je voyais la tête de Françoise posée sur mon ventre, Clara assaillie par une meute, Mère avec François, Hermann avec Peter... Les images se succédaient à une vitesse folle sans que je puisse en interrompre ou en ralentir le déroulement. J'avais l'impression qu'une caméra me mitraillait l'intérieur de la tête. J'avais sans doute trop fumé, j'avais le goût de vomir... Étienne m'a trouvé tout à coup très pâle:

— Est-ce que ça va?

— Dis-moi, Hermann, quelle saleté as-tu mise dans cette mousse?

— Presque rien, je t'assure. Tu vois,

Étienne ne s'en est même pas aperçu.

— Hé là, de quoi parlez-vous?

*   *   *

Véronique a troqué le *Yi King* contre les *Trois essais sur la théorie de la sexualité*, qu'elle a empruntés à Robert. Je lui ai demandé si Robert lui avait aussi offert de l'initier au tantrisme et elle m'a répondu, avec son admirable naïveté, qu'il s'était contenté de lui faire des avances dans son charabia habituel:

— Veux-tu bien me dire qu'est-ce que la puissance du serpent a à voir avec la magie ondulatoire de mes hanches?

— Tu n'as jamais entendu parler de la *kundalini*?

— Oui, je pense qu'il a parlé aussi de ça. J'ai retenu l'histoire du serpent et des hanches parce que ça m'a paru vraiment prétentieux. Il n'y a rien que je déteste plus que ce genre d'intellectuel séducteur. Des montagnes de mots qui accouchent d'une souris. Et puis, si tu penses que j'ai la tête à ça.

— Et cette lecture de Freud, alors?

— Tiens, lis ça.

Elle m'a tendu la lettre qu'elle venait de recevoir de son amant: sa fille s'était noyée quelque part en Virginie, pratiquement sous ses yeux, et il n'avait pu la sauver. Il était convaincu qu'il s'agissait d'un suicide et qu'il en était responsable («Je l'ai négligée, je n'ai pas su l'aimer...»). Il ne savait plus s'il avait encore le droit d'aimer Véronique et la suppliait de lui pardonner. Pas un mot sur sa femme.

Véronique ne cherchait pas dans Freud la confirmation de ses propres intuitions mais le moyen d'enrayer le destin:

— Il va se pendre ou se tirer une balle dans la tête, j'en suis sûre. Tout ça est si ridicule. Après tout, il n'a jamais couché avec sa fille, que je sache. Est-ce qu'on peut se punir pour un crime qu'on n'a pas commis?

— Peut-être, si la faute est justement de ne pas avoir commis ce crime.

— Et moi, qu'est-ce que je deviens là-dedans? Le bourreau ou la victime?

— L'une et l'autre, j'en ai bien peur. Comme tu as été le double de sa fille et la complice en quelque sorte de sa mort, il ne pourra jamais plus t'aimer ni se détacher de toi. Ce sera là ta récompense et ton châtiment.

— Et si c'était moi qui...

— Ce serait pire, car il aurait alors deux morts sur la conscience, deux fois la mort de sa fille à supporter.

*   *   *

Les séances de méditation se poursuivent, mais les absences y sont plus nombreuses. Ainsi, cet après-midi, je me suis retrouvé seul avec Thérèse et Véronique devant Mère qui attend je ne sais quoi pour nous ouvrir à nouveau ses yeux et ses mains. Chitkara a paru troublé par cette désaffection qui risque de tuer dans l'œuf son projet d'ashram. Si Louis, dont c'était la première absence, déserte Mère, sur qui Chitkara pourra-t-il fonder son Église? Je m'étonne d'ailleurs qu'il n'en ait pas encore parlé aux autres. Comme il est fort peu probable que mes objections l'aient dissuadé, la résistance ne peut venir que de Mère. En tout cas, il est évident qu'il souhaite la fin de ce régime d'austérité, qui semble miner sérieusement la ferveur des disciples et la sienne. Lui qui a toujours fait preuve aux méditations d'une piété exemplaire, voici qu'il s'endort et donne des signes d'impatience: éructations qu'il ne cherche même plus à dissimuler, toussotements, coups d'œil fréquents à sa montre, regards distraits sur Mère. J'ai l'impression qu'entre eux le temps n'est plus au beau fixe. La biographie est en panne, les méditations se vendent mal et le divin boude le seul projet susceptible de provoquer une relance. Bref, les affaires marchent mal...

Il est possible que les intentions de Chitkara soient beaucoup moins mercantiles, ou plutôt qu'elles soient à la fois mercantiles et spirituelles. Que celui ou celle qui est sans contradiction lui jette la première pierre. Après tout, pourquoi les sentiments religieux seraient-ils moins complexes que les sentiments amoureux ou que la spéculation intellectuelle? Pourquoi les dirigeants de l'*Indian Oil*, par exemple, ne pourraient-ils pas être aussi des lecteurs de Shri Aurobindo? J'entends déjà le rire scandalisé de tous les grands-prêtres de la critique idéologique: comment peut-on encore ignorer les ruses et les masques du pouvoir? Je sais tout cela, mais je me demande parfois comme s'appelle cette autre lucidité qui ne distingue plus la vague de l'océan, la vérité de l'erreur.

* * *

189

Carte postale d'Istanbul: *Je travaille six heures par nuit dans un petit café-sérail qui donne sur la mer Noire. Le sultan n'a jamais vendu autant d'alcool, mais je suis toujours ta prisonnière. Clara.* Mon Dieu, est-ce possible? Que le premier regard que j'ai posé sur elle, que la douce brûlure de la première fois l'aient précipitée dans un tel enfer? Je revois la longue et fine main de Françoise posée sur la banquette arrière du taxi qui nous emmène au cinéma, le restaurant où il aurait suffi d'une colonne ou d'une épaule pour me protéger des yeux trop bleus de Clara: aurais-je saisi cette main, glissé au fond de ces yeux si par quelque sagesse ou divination j'avais su? J'aimerais répondre non, mais quelque chose en moi, qui pourtant sait et regrette beaucoup de choses, continue de dire oui. Oui à Françoise, malgré toutes ces années où chacun verrouillait l'autre dans le silence d'un amour trop grand; oui à Clara, malgré le remords de tous ces rendez-vous auxquels je n'étais présent qu'à moitié. Est-ce ce oui inconscient, où germent le meilleur et le pire, que l'Inde devait extirper?

G. m'a déjà raconté comment il avait été troublé, au point d'en perdre le sommeil et la raison, par une étrangère qu'il avait vue quelques secondes dans une foule. Pendant toute une semaine, il l'avait cherchée jusqu'à ce qu'il se retrouve couché en chien de fusil sur un banc public. Quand le policier l'a réveillé, l'étrange clochard vêtu d'un costume Lapidus et muni d'un attaché-case décida que plus jamais une émotion ne viendrait entraver le cours de son existence. J'avoue que cette force dont je suis dépourvu m'a toujours fasciné. Moi qui mets des heures et des jours à me remettre d'une simple mélodie, d'un souvenir ou d'un étang qui au bord de l'autoroute me fixe de son œil triste où s'accumule le temps. Si encore je m'abandonnais totalement à ces séismes, petits et grands, au lieu d'en atténuer aussitôt le choc par des pensées raisonnables ou par quelque contrition parfaite, parfaitement inutile parce que c'est toujours sur moi que je pleure. Étienne: «Tu n'as pas idée du raffinement et de la beauté des étudiantes qu'on rencontre parfois dans certains bordels!»

* * *

Ce matin, vers neuf heures, Véronique a frappé à ma porte, tout étonnée et confuse de m'avoir réveillé. En fait, c'était l'une des rares fois que je faisais la grasse matinée. Si la devise de mon père est juste («L'avenir est à ceux qui se lèvent tôt»), c'est que je commence à vieillir. Je m'étais endormi très tard, cloué sous la moustiquaire, incapable de lire, d'écrire ou de penser, craignant même d'avoir à traverser une autre nuit blanche. La seule image que je retiens de ces instants plus ou moins comateux est d'ailleurs celle de mon père qui marche en raquettes dans un champ recouvert de neige sans y laisser de traces.

— Alexandre, est-ce que tu m'écoutes?

— Oui, oui, bien sûr.

— Qu'est-ce que tu en penses?

— Qu'est-ce que je pense de quoi?

Je me suis excusé de m'être rendormi et Véronique a repris son récit. Elle s'était donc levée avant le soleil et s'apprêtait à descendre sur la plage quand elle a aperçu, à l'autre bout du jardin, un homme nu qui courait jusqu'au rempart et revenait se cacher derrière le massif de roses, en s'efforçant chaque fois de ralentir l'allure de ses sprints. Après cinq ou six essais, le nudiste avait presque réussi à marcher, «tu sais, comme ces coureurs qui n'ont pas le droit de courir». Il s'était réfugié une dernière fois dans les roses, s'était assuré que personne ne le voyait et avait traversé le jardin à toute vitesse pour s'engouffrer dans sa chambre, dont il avait laissé la porte ouverte.

— Qui était-ce?

— Tu ne devines pas?

— Non, je ne vois pas.

— C'était Louis. Il faut faire quelque chose. Imagine un peu si Jatti ou l'une des femmes de ménage l'avait surpris! Est-ce que tu y comprends quelque chose?

— Non, pas vraiment.

— Moi, je pense que quelqu'un qui essaie d'apprendre par cœur un bouquin de mille pages est complètement dingue. Je suppose que c'est encore Kali qui lui a tourné la tête, qu'il ne sait plus quoi faire pour la séduire. Et tu n'as pas vu dans quel état il était!

— Qu'est-ce que tu veux dire?

— Il est aussi maigre que Lazare.

— Bref, ce n'est pas ton genre!

— Il n'y a pas de quoi rire. Il faut absolument faire quelque chose, s'il n'est pas déjà trop tard.

— Bon, je vais lui parler.

Sa porte était encore ouverte et il avait déplacé son unique fauteuil au milieu de la chambre de façon à pouvoir surveiller les allées et venues des clients du Guest House tout en s'exposant à leur indiscrétion. Dès qu'il m'a vu, il a déposé pudiquement sur ses cuisses le luxueux exemplaire de *Savitri* qu'il était en train d'apprendre. Il m'a assuré que je ne le dérangeais pas et m'a invité à m'asseoir sur le bord du lit. De grosses gouttes de sueur perlaient sur son front de plus en plus rouge. Non, sa tenue ne me choquait pas et je comprenais très bien, sans être partisan du nudisme, que le corps doive respirer de temps à autre. D'un geste nerveux, il a serré *Savitri* contre son ventre: «Il ne s'agit pas… euh!… ce n'est pas du nudisme.» Pour le tirer d'embarras, je me suis informé de Peter dont la réclusion commençait de m'inquiéter. Il a aussitôt saisi cette perche et s'est mis à parler, avec beaucoup de lyrisme, de la blessure, de la mémoire, du silence. Il retrouvait l'ivresse poétique, déversait de pleines coupes de mots sur le corps meurtri de son ami, dont on ne savait plus trop s'il avait été violé par les dieux ou par les hommes. J'ai suggéré prosaïquement que nous offrions à Peter de l'escorter au cours de ses premières sorties. Louis m'a répondu que je n'avais rien compris: Peter n'était pas captif de la peur mais de la souillure. Deuxième strophe, encore plus enlevée, sur la chair, la mort, la résurrection. Saint Paul débarque chez les modernes, Louis s'anime sous le fouet viril de la parole sacrée: «Peter vit l'épreuve du dépouillement, bientôt il pourra vivre sans aucun masque.» Ainsi ramené par sa péroraison à la situation présente, Louis avoue qu'il a décidé, à l'instar de certains ascètes hindous, de vivre nu:

— Le vœu de nudité est le plus difficile de tous. J'aurais pu choisir de rester debout pendant des mois ou encore de garder un bras dressé au-dessus de ma tête jusqu'à ce qu'il se dessèche et se paralyse. Mais j'ai préféré la nudité car, pour nous Occidentaux, le corps est un tabou, un mensonge dont on jouit impunément.

— Attends, tu dis qu'il y a des ascètes qui se promènent nus encore aujourd'hui dans les lieux publics?

— Je n'en ai jamais vu, mais je sais que ça existe. À vrai dire, ils ne sont pas complètement nus, ils s'enduisent le corps de cendres sacrées... Pourquoi ris-tu?

— Pour rien, je pensais à autre chose.

— Tu vois comme nous avons l'esprit tordu!

— Non, je pensais tout simplement à ces happenings où les participants se peinturent ou se dessinent des vêtements sur le corps. Voyons, comment ça s'appelle?

— Je m'en fous, ça n'a rien à voir!

— *Body painting*!

— Tu ne comprends jamais rien!

— Et tu as l'intention de sortir comme ça.

— J'en ai fait le vœu.

— Tu crois qu'on va te permettre de promener ainsi tes cendres un peu partout?

— Ça, ça ne me regarde pas.

— Tu ne crois pas que tu devrais en parler à Mère? Ce n'est peut-être pas la forme d'ascèse qui te convient.

— Tu crois?

— Je ne sais pas, mais il me semble que tu risques de choquer les Hindous, de parodier une de leurs coutumes religieuses.

— Je vais y penser.

* * *

Déjeuner avec Mitra. Nous parlons de choses et d'autres. De ses études (il vient de découvrir la sociologie), de ses projets (en diplomatie, mille candidats pour un poste), de Calcutta où il est né («Tiens, tiens, comme Tagore et Aurobindo»), du Gange dont tous les Hindous rêvent de faire leur cercueil («Mais non, voyons, on n'y jette les cadavres qu'après les avoir incinérés»), de l'Amérique qu'il se représente comme un immense building découpé par des routes superposées («Tu confonds les parkings intérieurs et les échangeurs»), de l'Europe, du deuxième tome des

196

Karamazov, etc. Lorsque je lui demande ce qu'il pense des Occidentaux qui croient que l'Inde est le salut du monde, il regarde le riz dans son assiette et y trace distraitement avec sa fourchette le signe *Aum*. À son tour, il me demande ce que je pense des Indiens qui rêvent de l'Europe ou de l'Amérique.

— Je ne peux pas te répondre, mon assiette est presque vide!

— Tu vois, je t'ai montré le riz et tu n'as vu que le *Aum*.

En fait, je voulais l'amener à se prononcer sur le comportement des disciples de Mère. J'ai compris que je ne tirerais de lui rien de plus que cette allusion à la pauvreté de l'Inde. De même qu'il avait toujours évité de me parler de sa vie spirituelle, il n'avait pas l'intention de commenter celle des autres. Nous étions loin de cette chère Amérique où l'on ne peut prendre le métro ou l'apéro sans risquer d'être précipité dans «le moi le plus profond» de son voisin. Je regardais Mitra, sa bouche, son regard dont je percevais pour la première fois la gravité. Il aurait pu tout aussi bien avoir cinquante ans. Comme il baissait les yeux, je ne sais pourquoi je lui ai demandé, à brûle-pourpoint, s'il était déjà allé au bordel.

— Si tu veux des adresses, demande-les à Étienne.

— Excuse-moi, ce n'est pas ce que je voulais dire. Je voulais savoir si…

— Si j'étais déjà allé à Istanbul?

Je me suis alors rendu compte que j'avais déposé sur la table, à côté de mes clefs et de mon paquet de cigarettes, la carte postale de Clara.

*   *   *

Depuis mon arrivée à Pondichéry, je n'avais pas échangé dix phrases avec Thérèse qui, elle, vit ici depuis bientôt un an. Peter, qui adore jouer les Balzac et se targue de pouvoir déchiffrer quelqu'un à la simple couleur de ses vêtements ou au timbre de sa voix, flaire sous la timidité de Thérèse quelque vieil oncle lubrique dont elle n'aurait pu refuser les avances, un dimanche après-midi qu'elle jouait à la poupée dans le grenier de sa grand-mère. Je ne sais toujours pas si cet oncle a existé ni si le *mantra* que Thérèse récite est, comme le prétend Peter, «non, non, non, je ne veux pas», mais il ressort de notre conversation que de Sainte-Flore à Pondichéry en passant par la Bolivie, la vie de cette femme de quarante-cinq ans est un secret bien gardé.

198

Nous nous sommes rencontrés par hasard dans une boutique d'artisanat où elle palpait des dentelles (sans doute un autre cadeau pour Mère) pendant que j'hésitais entre les éléphants en papier mâché et les coqs de bronze. Je l'ai invitée à boire une limonade chez les Suisses, hélas elle avait encore des courses à faire. J'ai insisté, par politesse, et à ma grande surprise elle s'est ravisée: ses courses pouvaient attendre, il faisait tellement chaud, nous pourrions nous rendre ensemble à la méditation. J'appréhendais le vol des anges au-dessus de nos verres, mais la conversation s'est engagée facilement sur un terrain sûr, presque familial: nous étions de la même région, nos parents se connaissaient peut-être, j'étais le cinquième d'une famille de sept, elle était l'aînée de deux. Bref, au fil des confidences anodines, j'ai appris qu'elle avait vécu dix ans en Bolivie (elle a soigneusement évité le mot de missionnaire) et qu'à son retour à Montréal (après avoir quitté la congrégation?) elle avait enseigné le français dans une école dont son frère était le directeur. Je ne l'ai évidemment pas interrogée sur ce frère dont le cadavre est venu se balancer entre nous. Thérèse s'est mise à fixer un point invisible au-dessus de la table et, avant même que je puisse détourner la conversation sur un autre sujet, elle a commencé à moudre en silence les trois ou quatre mots de son *mantra*. Elle était désormais seule. Au bout de quelques minutes, je me suis retiré sans qu'elle s'en aperçoive. Maria ensevelissait sous les Avé le corps de François Paradis, ma mère séchait discrètement ses larmes en attendant le retour du printemps, le retour de mon père... Si le paradis existe, ce ne peut être que pour toutes ces femmes qui prient, qui pleurent.

3^E CARNET

Jour faste! Retour de la mère prodigue! Elle ouvre enfin les yeux, ses enfants titubent dans la lumière retrouvée! Longs *darshans*, tendres *pranams* où chacun vient raconter ses tribulations à celle dont le regard est un doux reproche (Pourquoi vous être tant agités, vous savez bien que je ne vous ai jamais quittés). Fait étrange: contrairement aux jours précédents, tous, à l'exception de Peter, étaient présents. Était-ce cela qui avait dessillé les yeux de Mère, ou les disciples avaient-ils pressenti les retrouvailles? Déjà enivrés par la sollicitude maternelle, ils ne se sont pas posé la question, d'autant plus que Chitkara avait gardé pour la fin le meilleur vin: si tous le voulaient bien, ils pourraient désormais vivre dans la maison de Mère. Cette maison n'était plus une simple métaphore de la communauté spirituelle que nous formions, elle existait réellement et Chitkara l'avait trouvée au bord de la mer, quelque part non loin de Pondichéry. Certes, elle était en très mauvais état, mais que ne pourrions-nous faire, tous ensemble, avec l'aide de Mère?

Pendant que Chitkara, doué soudainement d'une éloquence que je ne lui connaissais pas, versait la promesse d'une vie meilleure, je regardais Mère qui semblait ne s'intéresser qu'aux mouvements de ses orteils enfoncés dans le tapis. On aurait dit une adolescente embarrassée par l'éloge paternel de sa beauté ou de son dernier bulletin. Mais il se peut que j'aie interprété la réaction de Mère à partir de mes propres réticences ou de mon aversion pour les travaux de bricolage. Après tout, rien ne m'assurait qu'elle désapprouvait Chitkara ou que la contemplation de ses propres orteils n'était pas l'expression d'une forme supérieure de détachement: ashram ou non, là ou ailleurs, la terre continuera de tourner.

Les premiers commentaires ont été évidemment très favorables. Chacun ne demandait pas mieux que de partager ses joies et ses peines dans l'espoir inavoué de se soustraire aux unes et de multiplier les autres. Bref, on trinquait à la bonne nouvelle. Mère serait désormais aussi accessible qu'une fontaine publique.

*   *   *

En deux jours, l'affaire était conclue. Chitkara a loué l'immense villa délabrée et les disciples ont réuni leurs maigres économies pour acheter les matériaux nécessaires à la rénovation, qui commencera d'ici une semaine. «N'y pense pas avant, n'y pense pas après. Fais-le!» Je ne conteste pas la sagesse de ce proverbe indien, mais il m'est impossible d'y souscrire aussi spontanément que mes camarades. François affirme que mes doutes et mes hésitations trahissent, une fois de plus, ma nature de «maudit intellectuel»: «Veux-tu bien me dire ce que tu veux? Tu veux voir Mère et quand on te propose de vivre avec elle, tu refuses!» Véronique, dont ma décision assombrit le bonheur, s'inquiète de me savoir seul au Guest House: «Qu'est-ce que tu vas faire?» François répond à ma place: «Il va écrire n'importe quoi sur ses pauvres amis qui ont tous perdu la tête.» Vieux débat, débat insoluble! À douze ans, je refusais de patiner avec les fillettes dont j'étais pourtant follement amoureux; à quinze, je préférais la rêverie et les sports aux terribles exploits de mon âge: aucun vol à l'étalage, pas de cuites célèbres, ni de voisine plus ou moins perverse qu'on déshabille à plusieurs au fond d'un hangar. Robert, qui vient de redécouvrir comme par hasard les vertus spirituelles de Mère, glose paternellement sur ma défection, qu'il attribue au mythe romantique de l'individualisme: «Je sais, je suis déjà passé par là! On croit que la solitude est la meilleure façon de se connaître, c'est une erreur que la vie se charge, tôt ou tard, de réfuter.» Louis, légèrement vêtu, soutient que la vie communautaire est une pratique quotidienne de l'humilité. Hermann perçoit dans cette future cellule d'individus de tout sexe et de tout pays le germe d'une nouvelle humanité. Hans est tout à fait d'accord: «C'est la fin de tous les pseudo-siècles des lumières! Bientôt, la réalité se conformera aux visions les plus audacieuses.» Thérèse, plus modeste, espère seulement que la fréquentation assidue de Mère nous rendra meilleurs. Robert va plus loin: «N'ayons pas peur des mots: c'est d'une mutation qu'il s'agit, et tant pis pour ceux qui ne feront pas le saut». Étienne se méfie des mutants, il n'est pas prêt à risquer la vie pour une hypothétique résurrection: «Ne croyez-vous pas qu'il est un peu tôt pour rejeter parmi les singes ceux qui sont encore heureux de manger, de parler, de boire...» «De copuler et de mourir», ajoute Louis. «J'espère qu'il n'y a personne qui nous enregistre, dit Étienne, sinon on est bons pour l'asile.» «Écoutez la voix de ce bon vieux Descartes», ironise Robert.

François, que ce genre de discussion énerve, a mis les choses au clair: il quittera l'ashram si ça devient un lieu de placotage. Cette menace a ébranlé quelque peu l'assemblée, qui ne s'est ressoudée que par la magie du proverbe qu'Hermann a cité fort pertinemment: «N'y pense pas avant...» Robert a sans doute raison: tant pis pour ceux qui ont peur de sauter, ils vivront ou mourront plus longtemps.

* * *

Peter a quitté sa retraite. Je l'ai rencontré ce matin, frais comme une rose, avalant toasts et café avec un appétit de loup, ou peut-être devrais-je dire de tigre. Comme je lui demandais si je pouvais m'asseoir, il m'a désigné d'un geste qui m'a paru machinal l'une des deux chaises libres.

— Pas celle-ci, elle.est occupée.

— Excuse-moi, je ne savais pas que tu attendais quelqu'un.

— Je n'attends personne, cher, il y a déjà quelqu'un.

— Qu'est-ce que tu attends pour me présenter?

— Tu as tort de blaguer. Si tu t'étais assis

sur cette chaise, je ne sais pas comment il aurait réagi.

Ma sœur Caroline, enfant, avait eu pendant quelques mois un petit ami invisible qui nous avait grandement compliqué l'existence: il fallait servir deux bols de céréales, attendre que monsieur soit sorti de la salle de bains, prendre garde de ne pas lui fermer la portière de la voiture sur les doigts, s'arrêter en route pour satisfaire tous ses besoins (pipi, chocolat, repos), lui expliquer des histoires que Caroline avait déjà comprises, etc. J'ai pensé aussi au mystérieux concubin de la grand-mère de Françoise à qui il fallait céder le canapé du salon à moins qu'il ne fût absent ou n'eût la gentillesse de dormir ailleurs: «Ne vous dérangez pas, les enfants, Jacques ne rentrera pas ce soir, Jacques préfère la fraîcheur du sous-sol.» Je regardais Peter caresser son compagnon, j'hésitais entre la schizophrénie et l'infantilisme.

— Cesse de t'inquiéter, cher. Je vais très bien et j'ai tous mes esprits.

— Justement, parle-m'en, de tes esprits.

— C'est simple: j'ai demandé à Mère de me rendre la force qui m'a été enlevée et elle m'a donné ce tigre. Je peux désormais sortir car il me protégera.

— Une sorte de chien pour aveugle, quoi!

— Si tu veux, mais avec cette différence que je le vois.

Je n'avais jamais vu de tigre, sauf en descente de lit ou dans les films de Walt Disney, et je les confondais avec les panthères et les léopards. Afin que je le voie bien, Peter m'a décrit le sien très précisément. C'était un tigre de taille moyenne dont le pelage, plus jaune que roux, était rayé de bandes noires si discrètes qu'au premier regard on pouvait penser à un gros chat de gouttières. Mais c'était bel et bien un tigre! Il suffisait pour s'en convaincre de l'entendre râler, de le voir bondir, d'étouffer sous son poids. Incrédule, j'ai regardé à nouveau la chaise vide.

— Écoute, Peter, je comprends que tu aies reçu une force spéciale, mais ne crois-tu pas que ce tigre est plutôt le fruit de ton imagination?

— Pas du tout, il est là, je t'assure.

— Oui, dans le subtil ou quelque chose du genre.

— Non, sur la chaise. Veux-tu que je le lâche sur toi?

— Ce n'est pas la peine. J'ai déjà assez de mal avec les chiens.

Je n'avais pas aussitôt prononcé ces mots qu'une peur stupide s'est emparée de moi, comme si le chien ou le loup, que ma sœur et moi avions poursuivi à travers les champs, s'était mis à rôder autour de la table. La présence de ce tigre, subtil ou non, ne me disait rien qui vaille. Peter a cru bon de me rassurer: «Ne crains rien, il ne chasse que la nuit et tu es un être de lumière.» J'ai apprécié le jeu de mots sur mes mœurs et celles du fauve. Si Peter avait encore le sens de l'humour, aucun tigre ne pourrait le dévorer. Ainsi il a été ravi d'apprendre que son tigre était, au féminin, une danseuse de ballet.

*   *   *

«Si un homme reste absolument continent pendant douze années, il acquiert un pouvoir surhumain. Un nouveau nerf se développe en lui, qui est appelé le nerf de l'intelligence» (Ramakrishna). Ouais! Je doute fort que la *kundalini* encore lovée à la base de mon dos puisse jamais s'élever à une telle hauteur. Même si je passais le reste de ma vie aux pieds des charmeurs de serpents.

*   *   *

J'ai l'impression que la rédaction de ce journal se retourne contre moi, qu'elle fournit des armes à ce que je veux combattre et obscurcit ce que je tente d'élucider. Je n'ai jamais pris trop au sérieux les élucubrations de l'époque sur les pouvoirs du langage, mais je dois reconnaître qu'il me suffit de noter une chose pour être aussitôt livré à son contraire. Ainsi j'ai failli me noyer après avoir décrit l'expérience de mon corps promu à l'immortalité du lotus, et la simple allusion à une éventuelle métamorphose de la libido m'a valu, cette nuit, d'être assailli par les plus grossiers et les plus subtils phantasmes érotiques. Je devrai à l'avenir être plus prudent.

* * *

J'avais cru que le tigre de Peter serait désavoué par Mère ou persécuté par les disciples. Ça n'a pas été le cas. Mère en aurait, paraît-il, reconnu l'existence et le caractère bénéfique tandis que les disciples y ont vu la manifestation des pouvoirs propres à la conscience divine: un tigre nous est né, l'or brille au fond de la cornue. Je suis loin d'être un spécialiste de la symbolique hindoue et je ne sais trop que penser de ce tigre, qui fait désormais partie de notre vie quotidienne puisque Peter le traîne partout, sinon qu'il me renvoie à un épisode obscur de mon enfance. Si je me réfère aux trois métamorphoses nietzschéennes de l'esprit, le tigre devrait correspondre à la seconde («du chameau au lion»), encore que la coïncidence de son apparition avec la fondation de l'ashram le rapprocherait peut-être davantage de la troisième («du lion à l'enfant»). Est-ce que l'ashram sera «un nouveau commencement et un jeu, une roue... un oui sacré»? Je n'en suis pas sûr.

Quoi qu'il en soit, le tigre est bel et bien parmi nous. Peter doit rêver du jour où ses poèmes s'imposeront aussi facilement que son vital mammifère qui, tel Rintintin à la tête d'un régiment de cavalerie, ouvre le cortège de bicyclettes que les disciples enfourchent tôt le matin pour se rendre au chantier. Plaisir de jouer aux soldats, croisades imaginaires, cabanes au fond des bois... C'est mon enfance que je regarde ainsi s'ébranler vers le royaume des mères. Seul dans le jardin, pendant que mes camarades armés de scies et de marteaux réinventent le monde, je rentre en moi par les sentiers et les lacs que mon imagination peuplait de fillettes dorées, d'animaux fabuleux... Le vent charrie des histoires d'Indiens et de couteaux, le bruit des arbres qu'on abat me rassure, moi aussi j'ai des bottes et une chemise à carreaux. Dieu, ici, n'a pas d'autre nom que le mien, gravé dans l'écorce d'un bouleau que j'entends frémir et qui veille sur moi lorsque le soir descend.

Visite du corbeau, que je n'avais pas vu depuis belle lurette. Son croassement, aussi frondeur que la voix gouailleuse des coureurs de bois de la rue Saint-Denis, me tire de cette rêverie: «Hé *man*! T'as pas dix ans! Réveille-toi, *man*! T'es en Inde, là.»

*   *   *

L'heure des méditations a été repoussée afin d'allonger la journée de travail des disciples-bricoleurs auxquels seuls Étienne, moi-même et Mitra (qui a recommencé ses cours) ne nous sommes pas joints. Malgré cela, il m'arrive une fois sur deux de me retrouver seul avec Mère à attendre les retardataires retenus par Chitkara, qui se révèle un piètre cycliste et un contremaître exigeant. Je mentirais si je disais que ces tête-à-tête, sortes de *darshans* officieux, n'ont rien changé à

213

notre relation. À chacune de ces rencontres pri-
vées, le regard de Mère me plonge dans une terreur et une paix encore plus grandes, semblables
à ce que j'éprouvais parfois dans les forêts de la
Mauricie: je n'ai pas le droit d'être ici, j'y suis
depuis toujours — cette pierre, cet arbre, ce lac
n'ont pas d'âge, j'ai le même âge qu'eux — quelque chose me menace et pourtant je n'ai rien à
craindre car je suis aussi cela qui me regarde.
Comment décrire ces instants où aucune rêverie
ne trouble la forêt du promeneur solitaire, ces
échanges intimes entre deux êtres où rien n'est
échangé? Lorsqu'il ne peut plus supporter ce
silence, l'enfant se met à siffler, l'amant chuchote
des bêtises, et le temps s'écoule à nouveau dans le
sablier: Mère, est-ce que tu crois que je suis assez
près, dis-moi ce que je dois faire, préférerais-tu
me voir au chantier? Elle ferme alors les yeux et je
comprends que ce bavardage puéril l'ennuie.

Quand les autres reviennent, j'envie la fatigue sur leur visage, la poussière sur leurs vêtements. Ils me regardent distraitement, comme
des ouvriers que je croiserais dans la rue, et je me
demande ce que mon père, qui a passé sa vie en
forêt sans avoir le temps de pêcher ou de chasser,
penserait des mains de son fils que seules l'encre
et la nicotine sauvent d'une blancheur cadavéri-
que.

214

LES SILENCES DU CORBEAU

* * *

Depuis la fin du régime d'austérité, pendant lequel chacun dînait de son côté ou à des heures différentes, nous nous réunissons à nouveau à une même table dans un restaurant qui vient d'ouvrir à trois rues de chez Mère. Ravi de cette clientèle nombreuse et assidue, le propriétaire, Bob, un New-Yorkais dans la trentaine qui a fait plusieurs tours du monde et n'est pas encore tout à fait revenu de la mescaline, nous propose des réductions subtantielles sur l'achat d'un carnet de billets valables pour trente repas. «Trop tard, dit François, nous partons bientôt.» «Vous savez, reprend Bob, on dit ça et un an, deux ans plus tard, on est encore là!» «Dans quelques jours, précise Véronique, nous aurons notre propre hôtel et notre restaurant.» Bob se montre très intéressé, songe à une éventuelle association, s'informe des conditions. Louis lui répond qu'il est le bienvenu pourvu qu'il se soumette à Mère et ne garde rien pour lui. L'autre ne comprend plus très bien, il trouve ça louche, et il retourne à la cuisine en se grattant la tête. On félicite Louis de sa bonne blague. «Quelle blague? Je lui ai dit la vérité.» Tout le monde s'esclaffe.

Conversation sur les travaux en cours. François, dont l'oncle est informaticien et qui a lu quelques pages des *Enfants du Verseau*, s'est improvisé électricien. Robert abat les cloisons qu'Hermann reconstruit. Hans joue dans le plâtre, Véronique et Thérèse dans la peinture. Peter s'est chargé de la décoration, qu'il veut «la plus intérieure possible»: il faudra choisir les meubles, les tentures et les couleurs en fonction de leurs qualités symboliques. Louis jongle avec les plantes et les fleurs d'un jardin qui soit poétique, au sens qu'Aurobindo donne à ce mot: «The poetry is a concrete seeing», expression que, pour le plaisir de tous, il prononce à la française: «Ze poetry iz e concrète zeeing».

François, qui est d'excellente humeur, me demande, pour me taquiner, ce que je sais faire de mes dix doigts.

— La crasse est ma seule compétence manuelle.

— Parfait! La cuisine et la salle de bains sont de véritables soues à cochons.

— Mais je croyais que vous alliez tout repeindre.

— Tu crois qu'il suffit d'un peu de peinture pour faire disparaître des croûtes de saleté? C'est pas du camouflage qu'on fait, c'est de la rénovation. Et puis il y a le frigo et la cuisinière. Si tu

veux mouiller tes belles grandes mains, t'as qu'à
venir.

J'ai accepté aussi de fournir les deux cents
roupies qui manquaient pour l'achat du fauteuil
de Mère que Peter a commandé à un artisan:
velours bleu, siège capitonné, bras et pieds en
bois torsadé, têtes de serpent à chaque extrémité.
On ne lésine pas sur les symboles. Véronique a
cru que j'étais revenu sur ma décision. Non, je
n'habiterais pas à l'ashram, mais comme j'avais
l'intention d'assister aux méditations, il fallait
bien que je fasse ma part. Louis est convaincu que
dès que j'aurai mis la main à la pâte, mon attitude
va changer. Canon à plusieurs voix sur le *Karma
Yoga*. Peter paraphrase Racine («Qu'est-ce
qu'une foi qui n'agit point, cher Alex?»), Hermann cite Gœthe («Au commencement était l'action»), Robert affirme que Descartes aurait écrit
moins de sottises s'il avait lui-même coupé le bois
qui brûlait dans sa cheminée, Hans soutient que
les peintres sont aussi des ouvriers, François dit
que la meilleure façon de se taire c'est de parler
avec ses mains, etc.

J'observe Thérèse et Véronique qui se tiennent sagement à l'écart de cette logomachie et je
revois ma mère lissant la même page de son mis-
sel pendant toute la messe, cette Américaine qui
tricotait pendant ma première et dernière confé-

rence, Françoise noyée dans son café, Clara qui se retire derrière ses cheveux... Pourquoi les hommes sont-ils incapables d'un tel silence? Parfois, je pense que seules les femmes ont réussi à naître sans déchirer la nuit qui nous enveloppe et qu'ainsi la mort, dont nous croyons nous éloigner à la vitesse de la parole, leur sera plus naturelle qu'à nous. Pensée sexiste? Peut-être. N'empêche que j'aimerais être femme pour avoir enfin accès à ce qui se trame devant et derrière moi, pour pouvoir enfin, autrement qu'en pensée, être et ne pas être.

Des éclats de voix me ramènent parmi mes camarades. Une immense tristesse m'envahit. Tristesse d'un chemin ou d'une maison en construction, tristesse de savoir que tout sera toujours inachevé, que tout sera toujours à recommencer. Demain, demain... «Vous savez, on dit ça et un an, deux ans plus tard, on est encore là.» Qu'est-ce que je fais ici? Ne serais-je pas davantage à l'abri de cette tristesse si je rentrais chez moi? Les passagers sont priés d'attacher leur ceinture, je savoure déjà mon gin-tonic, l'illusion que je ne suis plus le même. Peter me demande où je suis rendu et je m'apprête à lui annoncer mon départ quand l'avion se pose subitement devant mon appartement: «J'ai décidé de commencer par la salle de bains.»

LES SILENCES DU CORBEAU

C'est une ancienne villa française construite sur le mamelon d'une petite colline boisée d'où l'on aperçoit, à travers les branches, la mer découpée en morceaux de lumière grise. Il est trop tôt pour savoir si c'est un lieu où souffle l'esprit, si cette demeure sera «le laboratoire d'une humanité nouvelle» (Robert), mais je reconnais qu'une véritable amitié anime le chantier. J'ai même entendu François siffler un air d'opéra que Peter fredonnait! Comme dit Véronique, qui semble avoir oublié Œdipe, Freud et son amant, «au fond, nous sommes tous des enfants qui veulent être aimés». Chacun fait donc de son mieux pour que les autres acceptent de jouer avec lui et que Mère, devant tant d'harmonie, n'ait d'autre choix que de le presser tendrement sur sa poitrine. Car nul ne doute d'accomplir ainsi la volonté divine, d'autant plus que Chitkara commande et bénit chaque geste par l'irréfutable «Mother wants, Mother says».

Tel que promis, je me suis attaqué à la salle de bains jusqu'à ce que l'émail brille ou du moins retrouve sa pureté incolore. Après trois jours de détergents et de brosses, trois jours d'humilité décapante et d'expiation savonneuse, j'ai les mains aussi rouges que mes ancêtres paysans, mais je suis loin de cette simplicité qu'à tort ou à raison je leur prête et leur envie. S'il y a un plaisir indéniable à maîtriser l'univers réduit aux dimensions d'une baignoire ou d'un carré de labour, il n'en reste pas moins que l'esprit s'agite et reprend ses droits dès que le corps épuisé relâche sa surveillance. Que de fois ai-je fait l'expérience de ce baume furtif que procure la sueur sur le front. Je dois me rendre à l'évidence: ni les bottes de mon père ni les tabliers de ma mère ne sauraient me dispenser de vivre et surtout d'inventer mon propre destin, hélas aussi vierge à trente-trois ans que les neiges éternelles de l'Himâlaya.

Mais pour cultviver son jardin, encore faut-il avoir une pioche et un jardin! Bon, assez pleurniché, dit le maître à ses disciples: «Si vous avez une canne, je vous en donnerai une, si vous n'en avez pas, je vous l'arracherai.»

* * *

Je me rends compte que depuis mon arrivée, je ne cesse de harceler mes parents, voire la masse confuse de mes ancêtres, pour qu'ils condamnent mon oisiveté et me délivrent de la vérité qui peu à peu se fait jour. Mais ils ne veulent toujours pas abriter ma mauvaise conscience: «Ne viens plus rôder autour de la maison, Alex. Nous n'avons rien à te donner que tu ne possèdes déjà et nous ne voulons pas de ta gratitude pour tombeau. Ce que nous n'avons pas fait est ton héritage, ce que tu en feras ne nous regarde pas.»

Si mon destin est encore vierge, cela ne tient-il pas au fait que j'efface mes pas avant même de marcher? Que je rature toute chose par son contraire? Il suffit que l'enfance m'offre ses matins pour que midi aussitôt les reprenne; si Françoise m'ouvre les bras, je dors avec Clara; l'œil gauche de Mère me nourrit, le droit me dévore; je suis toujours là où je ne suis plus; je répète ce que je n'ai pas dit et quand je me tais, la parole me brûle la langue comme le venin d'un serpent déjà mort. À quoi cela rime-t-il? *Open house*. Maison à vendre. Propriétaire absent. Faites un prix, ce ne sera jamais le bon. Pas étonnant que j'aie beaucoup d'idées mais qu'aucune ne tienne à moi, que j'aie autant de facilité à me faire des amis qu'à les perdre, que ma vie sentimentale soit un divan jonché de promesses non tenues, que ma conscience soit un suaire de contradictions.

Aussi longtemps que je m'entêterai à vouloir

me donner une loi, je n'en suivrai aucune. Aussi longtemps que je laisserai à l'idée toute romantique du destin le soin de lancer les dés, je perdrai à tout coup. Aussi longtemps que la perfection sera ma norme, j'aurai la pureté des limbes pour royaume.

*　　*　　*

Deuxième lettre de Françoise, aussi discrète que la première. À peine quelques lignes pour m'informer qu'elle est rentrée de vacances, que le temps passe et que mon compte est à découvert. Puis cette phrase dont je ne sais que penser: «Si tu reviens, sache que je ne serai plus jamais la même.»

Qu'est-ce qui a changé et que je devrais savoir avant de rentrer? Qu'elle a rencontré quelqu'un, qu'elle ne sait plus si elle veut continuer de vivre avec moi? Oui, ça doit être cela. L'homme qui la prenait dans mes rêves était en fait son amant que je me plaisais à imaginer en violeur, de même que j'imaginais, sous l'effet de la jalousie, que Clara avait été violée et mordue par ses

amants. Et puis non, cela n'est pas possible. Ne
m'a-t-elle pas dit, quelques heures avant mon
départ, qu'aucun homme ne pourrait me tuer en
elle, qu'elle seule pourrait le faire lorsque sa souffrance serait trop grande? Est-ce que je préfère
qu'elle ne m'attende plus ou qu'elle m'attende,
probablement comme Clara, dans les bras d'un
autre? Je ne peux pas, je ne veux pas répondre à
cette question.

* * *

La rénovation, hélas, est presque terminée.
Depuis que j'ai reçu la lettre de Françoise, il y a
une semaine, je me suis abruti de travail. De la
cuisine aux fenêtres, du parquet aux placards,
pas un recoin qui m'ait échappé. Indifférent aux
taquineries de mes camarades («Tu veux une promotion? Jamais nous ne pourrons vivre dans une
telle propreté!»), je gardais les yeux fixés sur chaque centimètre de la surface que mon zèle dévo-
rait, tel un automobiliste fasciné par l'immobilité
de la chaussée qui défile sous ses yeux à plus de
cent kilomètres à l'heure. C'est ainsi que j'endor-

mais ma douleur, comme d'autres capotent dans la nuit, mettent le feu à leur matelas ou sombrent dans le nirvāna.

On dit que le critère du véritable *samadhi* est que celui qui en revient n'est plus le même et qu'il ne pourra conserver son corps plus de vingt et un jours. Si j'en juge par la souffrance que je retrouve intacte au sortir de mes méditations ménagères, j'en ai sûrement encore pour mille ans. À voir Françoise et Clara s'offrir à d'autres yeux, à d'autres mains. À les entendre rire et se taire dans des pièces fermées à clé.

Lorsque je me présente devant Mère, je sais d'avance que ses mains et ses yeux refuseront d'abréger mon tourment: de quoi te plains-tu? Tu voulais la solitude, voici qu'on t'abandonne; tu rêvais de ne plus faire d'ombre, la nuit te consume.

* * *

À dix heures, ce matin, deux taxis sont venus chercher les élus pour les conduire au royaume de Mère. Jatti, heureux et triste de perdre ses clients hérétiques, m'a félicité de ma décision: «I knew you were different.» Je lui ai tourné le dos et me suis enfermé dans ma chambre. Si j'avais eu des larmes, du hasch ou de l'alcool, je m'y serais abandonné sans aucune retenue. J'ai fait et défait mes bagages. Partir, oui, mais pour aller où? Personne ne m'attendait. Passé les douanes, il n'y avait que des inconnus, l'aéroport de Mirabel se confondait avec celui de Bombay, tous mes amis étaient en voyage, Françoise avait rejoint Clara à ce café turc dont personne ne connaissait l'adresse, les forêts de la Mauricie avaient été incendiées et mes parents étaient morts. Ne valait-il pas mieux être étranger à Pondichéry plutôt qu'à Montréal, être seul plutôt qu'abandonné? Et puis le nouvel ashram n'était qu'à huit kilomètres. On m'y gardait une chambre. Véronique me dévoilerait encore les traits changeants de mon destin, Louis m'enseignerait l'art poétique de la prière, François m'indiquerait le passage du voyeurisme à la vision, Peter serait heureux que nous promenions son tigre sur la plage en parlant de Blake et de la Callas. Tout pourrait continuer comme avant, Mère me bercerait, mes pensées seraient des jeux et l'éternité un jardin dont rien ne pourrait me chasser.

J'ai beau me répéter qu'il ne tient qu'à moi d'être sauvé, je ne peux chasser cette idée que le paradis est le plus court chemin vers l'enfer. N'ai-je pas demandé à Clara de me délivrer de Françoise, à l'Inde de me délivrer de Clara, à Mère de me délivrer de moi-même? Est-il pire folie que de vouloir son salut? Cette pensée, d'abord insupportable (où que j'aille, quoi que je fasse, je serai toujours seul), peu à peu me réconforte (je serai toujours seul... avec moi-même).

*   *   *

Ouverture officielle de l'ashram. Étienne, Mitra et moi (les externes, comme on nous appelle) sommes arrivés une demi-heure avant le début de la cérémonie. Les pensionnaires étaient très excités car Chitkara leur avait promis «something very special». Tous spéculaient sur la nature de cet événement qui les marquerait à tout jamais. Louis était convaincu que Mère donnerait à chacun un *mantra* et peut-être même un nouveau nom. François, plus exigeant, espérait qu'elle profiterait de l'occasion pour conférer à quelques-uns des pouvoirs accrus. Étienne n'aimait pas beaucoup cette idée «d'élus parmi les élus», qui lui rappelait la hiérarchie ecclésiastique, mais personne ne s'est laissé détourner de son ambition spirituelle par cette remarque «très V.M.» (*Vieux Monde*, expression nouvelle des disciples désignant des comportements ou des concepts incompatibles avec le dynamisme évolutif). Hermann a raconté comment Vivekananda avait reçu la lumière de Ramakrishna quand ce dernier lui avait posé le pied sur la poitrine. Hans préférait l'initiation de Ramakrishna qui avait enfin vu l'*Atman* après s'être enfoncé, sous les ordres de son maître, un morceau de verre entre les sourcils. Peter se réjouissait que ces méthodes, un peu excessives, ne soient absolument pas dans «le style de Mère qui est tout en subtilité».

Trop subtil sans doute, puisqu'à l'exception de l'annonce par Chitkara d'une descente spéciale de lumière, la séance de méditation ne présentait aucun signe extérieur d'un quelconque rituel initiatique. On avait offert à Mère des fleurs, un sari et un tableau de Hans, plus pudique cette fois: un *Aum* nébuleux et des flammes dorées léchant un soleil blanc. Or qu'avait-on reçu en retour? Bien sûr, nul n'osait ainsi formuler une déception que trahissaient néanmoins la platitude et la timidité des témoignages: on aurait dit que les *darshans* étaient plus longs, on avait l'impression que Mère était, comment dire, que nous étions plus… Quant à moi, je n'avais rien remarqué de particulier. Je me demandais ce que devenait le regard de Mère dans la vie quotidienne. Avait-il la même intensité? Si oui, comment pouvait-on maintenir avec Mère une relation aussi pure, aussi impersonnelle?

Alors Chitkara nous a dévoilé l'autre volet, plus tangible, de sa promesse: c'est Mère qui préparerait et servirait le repas. «Is'nt she your mother?» Applaudissements, murmures, rires. Étienne regrette de ne pas avoir apporté de vin. «Mère ne boit pas, dit Véronique, elle l'aurait changé en eau.» Robert aphorise sur la convivialité, François recharge sa caméra, Thérèse frotte les ustensiles, Louis explique son jardin à Mitra. On se serait cru à un réveillon de Noël ou à une de ces soirées réussies où chacun joue son rôle à la perfection dans une pièce improvisée dont la seule contrainte est le plaisir de l'autre.

Lorsque Mère m'a servi le potage, je l'ai regardée et elle a baissé les yeux, comme une domestique qui craint d'outrepasser ses fonctions. Celle que Chitkara avait recueillie n'était pas morte: Mère était encore et aussi une adolescente humiliée. Notre bonne humeur m'est apparue tout à coup déplacée. J'avais tort. Mère n'avait peut-être pas voulu la création de cet ashram, mais l'idée du repas était certainement la sienne. Il suffisait de l'entendre rire, de la voir se laisser photographier avec nous pour comprendre qu'elle était heureuse, qu'elle avait trouvé ou retrouvé sa famille. Si elle avait baissé les yeux, n'était-ce pas pour éviter de redevenir cette idole dont elle prenait enfin congé? Je m'en voulais d'avoir été indiscret et j'ai passé le reste de la soirée à ajuster mon regard, à démêler la Mère de l'adolescente. Clara: «L'ennui, c'est que tu manques naturellement de naturel.»

*　　*　　*

Ce rêve est d'autant plus absurde qu'aucun désir de cet ordre n'a troublé jusqu'à présent ma relation avec Mère. Ni dans les *darshans*, où sa beauté est presque insupportable, ni dans les *pranams*, où mon visage touche presque ses cuisses. Quand j'ai comparé le vertige des méditations à cette mort que se donnent les amants, je commentais moins ma propre expérience que l'extase de mes camarades. D'ailleurs, je ne suis pas sûr que même les souhaits réitérés de François et d'Étienne d'épouser Mère ou de coucher avec elle soient autre chose qu'une hyperbole. Quand une mère dit à son enfant qu'elle le mangerait, est-elle coupable d'anthropophagie, d'inceste? Bien sûr, le langage ou le rêve n'est jamais tout à fait innocent, mais je jure, malgré les apparences, que je n'ai jamais désiré Mère physiquement.

Nous étions tous assis dans un couloir à attendre que Chitkara nous appelle, au hasard ou selon un ordre qui n'était ni l'ordre alphabétique ni l'ordre d'arrivée des visiteurs. Je savais que je serais le dernier appelé et mon inquiétude grandissait au fur et à mesure que le banc se vidait. Mère n'avait pas l'habitude de convoquer ses disciples, je n'avais pas sollicité d'entrevue... Qu'est-ce que cela pouvait bien signifier? Pourquoi personne ne ressortait-il de cette pièce? Et pourquoi la porte était-elle munie d'un judas, comme celle d'un cachot? Mère était-elle prisonnière? Dans quelques minutes je serais fixé, il y avait déjà une éternité que Peter était entré et que j'attendais seul dans ce couloir de plus en plus étroit, obscur. Je me lève et tente de regarder par le judas. Comment ai-je pu commettre une telle erreur? Pourquoi ne vient-on pas me délivrer, moi aussi? Pour me calmer, je me dis que j'ai déjà rêvé tout cela, que je me réveillerai de l'autre côté face à Mère entourée de ses disciples, que Chitkara m'a oublié, qu'il suffit de pousser moi-même cette porte qui n'est pas verrouillée et qui se referme aussitôt derrière moi. «Malheureux! Pourquoi n'avez-vous pas attendu à l'extérieur? dit Chitkara dont la voix semble monter du sol. Maintenant, nous ne pourrons plus sortir.» Je gratte une allumette et j'aperçois Mère assise sur son fauteuil, vêtue d'un sari transparent. Quelque chose remue près de mes pieds. Je m'apprête à allumer une autre allumette quand la voix étrangement aiguë de Chitkara, presque un sifflement, m'interrompt: «Mère est nue! N'allumez que si vous pouvez la regarder sans désir.» Il me reste trois allumettes que je regarde s'éteindre sans pouvoir lever les yeux.

* * *

Visite matinale d'Étienne. Après les salutations d'usage (ça va oui ça va et toi), il tire de la poche de son pantalon-pyjama le dernier numéro du magazine *India Today*, une sorte de *Time* indien, et me donne à lire l'article de la page 33. L'auteur y raconte qu'il a été invité, par un certain Chitkara, à rencontrer une jeune fille supposément douée de pouvoirs spirituels extraordinaires et à qui plusieurs accordaient déjà le titre de Mère. L'entrevue s'était déroulée en anglais, les questions et les réponses étant traduites par «le gros monsieur jovial» qui ne se doutait pas que le journaliste connaissait très bien le dialecte de la jeune prodige et qu'il pouvait ainsi apprécier le manège auquel ses hôtes se livraient. Chitkara, avec un sang-froid remarquable, répondait à la place de l'adolescente, qui ne comprenait rien à rien et ânonnait des banalités dont l'auteur nous faisait grâce. Quant à ses yeux, qui auraient conquis de nombreux disciples («pour la plupart occidentaux»), ils étaient aussi pénétrants que les paroles qui sortaient de sa bouche. Bref, l'imposture était flagrante. Une photo de Mère accompagnait le reportage pour que les lecteurs, sans doute, puissent juger par eux-mêmes.

— Qu'est-ce que tu en penses? me demande Étienne.

— Je trouve ça absolument dégueulasse, digne de ces braves journalistes qui se font une mission d'éclairer, de protéger tous les faibles d'esprit qui croient aux médiums, aux soucoupes volantes ou à la gelée royale! Ça se prend pour Voltaire sans en avoir la plume, ça répond à tout sans connaître la question.

— Mais la question n'est pas là!

— Si, elle est d'abord là, la question. Puisque tout son témoignage repose sur la malhonnêteté de l'interprète et la pauvreté présumée des réponses de Mère, pourquoi nous fait-il grâce de celles-ci? C'est comme si un témoin à charge refusait d'exhiber la pièce à conviction qu'il prétend avoir en sa possession.

— Et Chitkara là-dedans?

— Il est complètement fou ou naïf d'avoir ainsi exhibé Mère comme une bête de foire.

— Pas si naïf que ça puisqu'il a trafiqué les réponses de Mère.

— Tu vois, tu acceptes déjà la version de notre petit Voltaire.

— Comment ça?

— Oui, tu es convaincu que Mère n'a dit que des banalités.

— Si ce n'était pas le cas, pourquoi Chitkara aurait-il agi ainsi?

— Parce qu'il a craint que son interlocuteur n'y voie que des banalités ou parce que lui-même n'y a vu que des banalités.

— Alors tu crois que les réponses de Mère étaient à la hauteur des questions qui lui étaient posées?

— Je n'en sais rien puisque Voltaire ne rapporte ni les questions ni les réponses. Il se peut fort bien que les questions n'aient pas été à la hauteur et que Mère ait ânonné des banalités pour ne pas y répondre. C'est une méthode bien connue que pratiquent notamment les maîtres zen. Question: «Qu'est-ce que Bouddha?» Réponse: «J'aime beaucoup le potage, passez-moi mon éventail, etc.»

— Crois-tu que je devrais montrer cet article aux autres?

— Pourquoi pas?

— Ça risque de les ébranler.

— Si ça les ébranle, c'est que je me suis trompé et qu'un mauvais article peut faire beaucoup de bien.

* * *

Étienne a décidé de mettre à l'épreuve la foi des élus. Beau joueur, il ne lâcherait sa bombe qu'après la méditation, «quand tous les esprits seront bien bourrés». Je n'ai pu m'empêcher de sourire en le voyant s'agenouiller devant Mère avec le magazine qui dépassait de sa poche arrière. Il jouait enfin le seul rôle de l'Évangile qui lui convenait, celui de Judas qui trahit par amour. Je ne sais si Mère savait, mais elle a accordé au renégat un long *darshan* qui a semblé ébranler sa résolution. En effet, la méditation était terminée depuis une vingtaine de minutes et nous bavardions tous dans le jardin sans qu'Étienne soit encore passé aux actes. J'ai dû lui venir en aide: «Étienne nous a apporté de la lecture.» Embarrassé, il a tendu sa bombe à Peter en tentant de la désamorcer par quelques précautions oratoires: «Ce n'est rien, ça ne vaut même pas la peine d'en parler...» Lorsque Peter a terminé la lecture de sa traduction littérale de l'article, un silence de mort s'est abattu sur les auditeurs, suivi d'un véritable feu d'artifices. Peter ne comprenait pas qu'un magazine aussi sérieux publie un tel torchon, ce qui était aussi l'avis d'Étienne et de Louis, qui a riposté que «la bave du crapaud n'atteint pas la blanche colombe». Le dicton a eu un certain effet jusqu'à ce que François s'en empare et relance le débat.

FRANÇOIS

Qui est le crapaud? Chitkara ou le journaliste? Pas étonnant que les réponses de Mère soient insipides, c'est le gros qui les mâche!

VÉRONIQUE

Mère a toujours très bien répondu à mes questions.

HERMANN

Oui, mais elle répond la même chose à tout le monde.

LOUIS

C'est qu'il n'y a qu'une vérité!

FRANÇOIS

Alors ça devrait être plus facile à traduire, non?

ROBERT

Pourquoi ce besoin de publicité?

FRANÇOIS

Pour attirer du monde, voyons!

HERMANN

Combien de disciples faut-il pour faire un maître?

FRANÇOIS

Combien de maisons pour faire un ashram?

ROBERT

Ça va nous attirer des ennuis, toute cette histoire.

LOUIS

Nous n'avons rien à nous reprocher, ni rien à reprocher à Mère.

FRANÇOIS

On ne parle pas de Mère, mais de Chitkara.

VÉRONIQUE

Si Chitkara est un imposteur, Mère est sa complice.

FRANÇOIS

Je n'ai jamais dit ça.

VÉRONIQUE

Alors, tais-toi.

PETER

Elle a raison. J'ajouterais même que ce torchon vise à ridiculiser ces pauvres Occidentaux qui ne savent pas distinguer un maître d'un charlatan.

ROBERT

C'est ce que je dis: on va avoir des tas d'ennuis.

FRANÇOIS

En tout cas, je pense que Chitkara nous doit des explications.

Arrivée de Chitkara, qui s'inquiétait sans doute que le dîner ne soit pas encore prêt. Lorsqu'il a vu le magazine dans les mains de François, il s'est mis à plaider sa propre cause de façon convaincante, ou du moins habile. Il avait eu tort de croire que ce qui était évident pour nous tous («Mother's spiritual power») le serait pour le premier journaliste venu, mais celui qui a reçu la lumière ne doit-il pas chercher à la répandre? Il estimait, en outre, que la photo de Mère suffirait à démentir les calomnies contenues dans cet article, notamment l'affirmation gratuite de sa supercherie. S'il avait, peut-être maladroitement, tenté de rendre l'esprit plutôt que la lettre des propos de Mère, c'est qu'il voulait que son interlocuteur — dont il avait tout de suite perçu la mauvaise foi — en comprenne tout le sens. À François, qui lui demandait s'il procédait de la même manière dans les entrevues que Mère accordait à ses disciples, il a répondu mystérieusement que Mère pourrait fort bien, si elle le voulait, s'adresser directement à eux.

Cette révélation a troublé même les plus sceptiques. Certains avaient cru remarquer que

Mère répondait parfois à leurs questions sans attendre que Chitkara les traduise... D'autres s'étonnaient d'avoir pu penser qu'il n'était pas en son pouvoir d'apprendre n'importe quelle langue étrangère... Au fond, n'avait-elle pas recours à un interprète pour nous décourager de la parole, cette forme désuète de communication? Peter a eu un bon mot («Tous ceux qui se promènent avec un chien ne sont pas des aveugles!») et Louis, triomphant, a remis le magazine à Étienne: «Mère l'a bien roulé, ton journaliste!»

* * *

Je n'ai pas tenu ce journal depuis plusieurs jours. C'est qu'il ne se passe rien ou que tout passe sans que je m'y intéresse. Le mari de Françoise, l'amant de Clara, le disciple de Mère, l'enfant que j'ai été, l'adulte que je voudrais être, je les regarde tous défiler et disparaître comme des oiseaux au-dessus de la mer qui sombrent tout à coup dans le crépuscule. Du matin au soir, dans ma chambre ou dans le jardin, je ne suis plus qu'une pellicule vierge qu'égratignent, ici et là, quelques images silencieuses.

Parfois je me demande quand et comment tout cela va finir (le paysan qui fume dix ou quinze pipes en contemplant les vaches qui broutent dans les champs ou le feu dans la cheminée est-il éveillé, vivant?). Je me dis que ça n'a pas d'allure, que je suis en train de devenir un légume, que j'ai des choses à faire, qu'il y a des gens qui m'attendent, que la souffrance est moins dangereuse que le coma, que je préfère Lino Ventura ou John Wayne aux fantômes de *L'île nue* ou de *Hiroshima*, les poupées de *Penthouse* aux *gopîs* de Krishna, le bavardage des yeux et des mains aux rencontres statufiantes avec Mère, les pigeons de la rue Sainte-Catherine aux grues de Ramakrishna... Mais dès que le souvenir de ma vie me revient, que j'entends le grelot familier des rires et des larmes, j'allume une cigarette, je regarde le ciel, les vagues, la pelouse, le bout de mes sandales et je sombre à nouveau dans l'oubli.

Visite de Hans et Robert. Ils ont quitté l'ashram peu de temps après l'épisode du magazine et m'assurent que, contrairement à ce que pensent les disciples, ceci n'explique pas cela. Je leur fais remarquer qu'ils n'ont pas de comptes à me rendre, mais comme ils ont l'intention de me faire de quelques roupies, ils tiennent absolument à se blanchir («L'esprit qui règne là-bas est incompatible avec le nomadisme intellectuel et spirituel...») et à me rembourser de mon éventuelle générosité par leurs précieux conseils («Tu as mieux à faire qu'à croupir ici; il y a d'autres villes, d'autres maîtres beaucoup plus, beaucoup moins...»). J'ai été pris d'un fou rire qui les a vexés. Le corbeau, qui s'était perché sur le rempart et scrutait la plage dans l'espoir de quelques déchets, s'est brusquement tourné vers celui qui osait ainsi troubler sa concentration. Son regard m'a glacé. Pour la première fois, je prenais conscience que ce corbeau étrangement solitaire qui rôdait autour de moi était, comme tous les corbeaux, un charognard.

* * *

C'était prévisible. Les seuls paradis que l'argent ne peut ternir sont ceux qu'on paie comptant. C'est pourquoi les Club Med interdisent la circulation du vil métal... et que la révolution des consciences se heurte, tôt ou tard, à la plus vieille contrainte du V.M. Bref, l'ashram éprouve déjà des difficultés financières qui risquent d'opérer une sélection parmi les élus. Sans les consulter, Chit-

241

kara a acheté la villa et se voit désormais dans l'obligation de doubler les loyers des pensionnaires. Encore une fois, il avait cru bien agir: mettre Mère et les disciples à l'abri d'un propriétaire capricieux. Bien sûr, il ne faisait appel aux membres de l'ashram qu'après avoir englouti dans cette affaire toute sa fortune personnelle et emprunté à son frère une assez forte somme. En fait, il avait espéré que l'article du *India Today* attirerait des visiteurs et des dons qui ne sont évidemment pas venus.

La situation n'est pas encore tragique. Tous les disciples, à l'exception de Robert et de Hans (qui de toute façon ne payaient pas) et de Véronique (dont les réserves sont presque épuisées), ont pu s'accommoder de l'augmentation du «prix des essences» (Peter). S'ils pardonnent volontiers à Chitkara son imprudence («Mère va arranger les choses», comme dit Louis), ils lui reprochent tacitement de les avoir replongés dans la trivialité du V.M. (on ne parle pas d'argent aux pieds d'un maître ou d'un g.o.). Est-ce pour cela qu'ils ont à peine discuté de cette question qui engage pourtant leur avenir immédiat? À moins qu'ils n'aient déjà, plus ou moins consciemment, fait leurs bagages (tant pis pour les économies, profitons au maximum des derniers jours de soleil et de vérité), ce qui m'étonnerait beaucoup. Peter est de plus en plus attaché à son tigre (les rues de Londres lui seraient fatales), Thérèse craint d'interrompre la récitation de son *mantra* (c'est toujours au millième Avé que le froid ou le désespoir ont raison de l'amant ou du frère égaré), Louis courtise Kali plus que jamais (Ramakrishna n'a-t-il pas mis dix ans à la séduire), François s'est mis en tête d'apprendre le dialecte de Mère (il y a des aveux qui sont intraduisibles), Véronique repousse l'heure de ses propres funérailles (combien de temps un père met-il à enterrer sa fille?), Hermann ne bougera pas avant de connaître l'issue du combat dont sa libido est l'enjeu (s'il y a une femme et un homme en moi, que le plus fort ou la plus forte des deux l'emporte).

Non, personne ne veut partir. Demain peut-être, après-demain... Nous ne sommes pas prêts, il nous reste tant de choses à apprendre, tant de choses à oublier. Comment parler ou se taire sans être seul. Comment vivre sans aussitôt souhaiter ou craindre la mort. Comment aimer sans meurtrir. Non, nous ne serons jamais prêts. Et pourtant, il faudra bien recommencer à vivre, à mourir pendant des mois, des années, des siècles jusqu'à l'improbable fin des temps.

*   *   *

La science des nombres, la numérologie, comme disent les initiés, m'est inconnue et Robert, qui m'a appris que j'étais un deux, n'est plus là pour m'en dévoiler le secret. Dommage, car il aurait eu aujourd'hui un beau cas de trois à analyser. D'abord, ce matin, j'ai écrit (tenté d'écrire serait plus juste) mes premières lettres à Françoise et à Clara. J'espérais que la rédaction de ces lettres m'aiderait à tracer ma «carte de tendre». Je ne savais pas ce que j'allais écrire, mais j'avais l'impression de savoir comment l'écrire. Cette impression m'est venue à l'aube, pendant que je regardais, de ma fenêtre, s'éloigner du rivage trois voiles tendues sur des barques de pêcheurs dont je distinguais à peine la silhouette. Quand elles se sont évanouies à l'horizon, la mer a subitement élargi mon regard et j'ai dû fermer les yeux. Françoise, Clara... Même si je réservais mon cœur et ma pensée à une seule, n'y serait-elle pas toujours captive? Il faut plus de lumière pour libérer un cœur que pour faire une aube, plus d'amour que de mots pour écrire à celles qu'on blesse... Je ne posterai pas ces lettres. Je les ai déchirées. Si j'avais su dessiner, j'aurais envoyé à chacune une barque pour qu'elles sachent que ce matin je les ai vues glisser à la surface de l'eau, plus belles et plus heureuses que dans ce miroir fragmenté où mon désir les retient.

Comme Véronique est revenue au *Yi King*, nous avons attendu ensemble le début de la méditation en lançant les trois sous. Naturellement, j'ai obtenu l'hexagramme numéro trois, qui raconte les efforts du brin d'herbe pour sortir de la terre, avec le neuf à la cinquième place, qui signifie «qu'un peu de persévérance apporte la fortune et beaucoup de persévérance l'infortune». Le commentaire précise ce que je savais déjà depuis le matin: «On se trouve dans le cas de n'avoir aucune possibilité de traduire ses bonnes intentions de manière qu'elles puissent se manifester réellement et être comprises». Bref, je ne dois pas agir maintenant, et si je tarde trop, les choses risquent de s'aggraver. Problème que connaissent bien tous les pêcheurs du dimanche (si le poisson mord, le laisser mordre; s'il a mordu, tirer la ligne), mais je doute que mon expérience des lacs et des rivières me soit d'une grande utilité: les sentiments sont des eaux beaucoup plus troubles et nul ne sait à quelle extrémité de la ligne il se trouve.

Enfin, après la méditation, Chitkara nous a annoncé d'un ton grave que Mère avait eu une vision: dans trois jours, elle aurait à combattre des forces hostiles et demandait à ceux qui voulaient l'aider de s'y préparer dès maintenant. François imagine des hordes de policiers saccageant la maison, Hermann pense plutôt aux créanciers tandis que Louis appréhende des ennemis plus subtils, plus terrifiants. Chitkara abonde dans ce sens: Mère n'a pas identifié ses adversaires, mais le combat, selon lui, aurait lieu comme d'habitude dans cette région mal définie qu'il appelle le *higher plane*. Cela a rassuré tout le monde. Peter, qui avait déjà assisté à de tels affrontements à titre de biographe, retenait son tigre prêt à se jeter dans la mêlée. Véronique a demandé si Mère serait visible ce jour-là et Chitkara n'a pas répondu. Thérèse a proposé une sorte de vigile, idée que Louis trouvait excellente mais que François, frustré que Mère lui ouvre si tardivement les portes de son monde, a qualifiée de «niaiserie catholique». Hermann a attiré notre attention sur le fait que Mère était sans doute en danger puisqu'elle avait sollicité notre aide. Les disciples ont envisagé un instant cet aspect de la question. De deux choses l'une: ou ce combat était réel et alors il fallait le prendre au sérieux, ou il était arrangé et ça ne valait pas la peine de se déplacer. L'exclamation, pourtant hérétique, de François les a tous soulagés: «Ben, voyons donc!»

*   *   *

Valise à la main, l'œil inquiet, le souffle court, Étienne débarque chez moi, ferme tous les volets et me supplie de le cacher jusqu'à la nuit. Il est convaincu que la police le recherche. Hier soir, en sortant d'une de ces maisons closes que les autorités n'ont pas encore réussi à fermer, il a été suivi par un type plutôt louche, sûrement un flic en civil ou un indicateur. Après l'avoir semé, il est rentré à son appartement, a vidé ses dernières bouteilles dans les toilettes, fait ses bagages et est allé se réfugier au restaurant de Bob. Ce matin, très tôt, il s'est rendu à l'ashram pour vendre sa mobylette à François et «dire au revoir aux copains». Il a même eu un entretien avec Mère, qui lui aurait dit qu'il n'avait rien à craindre et qu'il était de nous tous celui qui avait la plus grande ouverture spirituelle! «Tu me vois devant un tribunal plaidant l'ouverture spirituelle!» François l'a reconduit au Guest House et lui a promis qu'un taxi viendrait le prendre, ce soir, entre neuf et dix heures. Madras, New Delhi et enfin Bangkok, le paradis retrouvé, le plaisir à tous les coins de rues, la libre résurrection des corps.

— Tu vas nous manquer, et à Mère encore plus qu'à nous!

— Tu dis ça à cause des fleurs qu'elle m'a jetées ce matin?

— Oui, mais surtout parce qu'elle l'a fait aujourd'hui.

— C'est normal d'offrir des fleurs à ceux qui partent.

— Ou à ceux qui nous abandonnent.

— Qu'est-ce que que tu veux dire?

— Tu ne sais pas que Mère nous a confié qu'elle serait bientôt attaquée par des forces hostiles?

— Non, je ne savais pas.

— Étrange coïncidence, non?

— Écoute, Alex, si tu veux me culpabiliser, trouve autre chose. Les seules forces hostiles auxquelles je crois, ce sont les flics à mes trousses.

— Je blaguais, voyons! Je sais très bien que rien ne doit détourner le pèlerin de sa route.

— En tout cas, certainement pas une adolescente qui se prend pour la Vierge!

Il a insisté pour que j'aille à la méditation et que je ne rentre pas, si possible, avant son départ. «Ce serait plus prudent; on ne m'a pas vu entrer et personne ne fouillera la chambre si tu n'es pas là.» Au retour, j'ai trouvé sur ma table une copie manuscrite de la version corrigée des *Libellules* avec la note suivante: *Dis à Mère que je pense toujours à elle. À bientôt j'espère, au Québec ou ailleurs. P.S.: Voici quelques adresses relativement sûres, au cas où tu t'ennuierais!* Cher Étienne, jusqu'à la fin il aura voulu mon salut. Moi qui résisterais, même sur mon lit de mort, à la plus séduisante des grâces de peur de trahir ce que j'ai toujours été ou cru être, j'ai gardé les libellules et brûlé les adresses. Quand la flamme s'est éteinte, c'était comme si Clara venait de mourir très loin, à l'autre bout du monde, et que je ne pourrais plus jamais ni la voir ni mourir avec elle.

Je détestais Françoise. C'était elle qui avait tué Clara. Clara que je ne pourrais désormais ressusciter qu'en mêlant ses cendres à celles de Françoise. Je me suis mis à fumer avec rage, écrasant chaque cigarette dans le corps de Françoise jusqu'à ce que l'urne soit pleine. La chambre était jaune de fumée, la tête me tournait, mais le miracle ne se produisait toujours pas. J'ai entendu une voix rauque venue de la fenêtre: «Purifie tes cendres». Après avoir retiré tous les mégots du cendrier qui n'était plus ainsi rempli qu'aux deux tiers, j'ai brûlé les deux lettres de Françoise et j'ai tassé les cendres du bout des doigts. J'ai pensé que je devrais me laver les mains au cas où quelqu'un entrerait à l'improviste. «Pourquoi pas une douche?» C'était une excellente idée, on n'est jamais trop prudent. Je me suis déshabillé au milieu de la chambre; je ne sais pourquoi cela a provoqué une érection qui n'est disparue que sous le jet d'eau tiède. Je m'apprêtais à me sécher, quand la même voix, beaucoup plus proche, m'a à nouveau interpellé: «Tu te laves trop, *man*!» Je suis revenu tout dégoulinant près de la table où je croyais le surprendre, puis je me suis barbouillé de cendres de la tête aux pieds. «Maintenant, va et tue.» S'il voulait la bagarre, il l'aurait. J'ai pris le cendrier et je suis sorti. Je l'ai tout de suite aperçu sur le rempart, près de ma chambre. J'ai visé trop bas. Lorsque le cendrier s'est fracassé, quelques lumières se sont allumées ici et là dans le Guest House. J'ai alors pris conscience que j'étais nu et je suis rentré en m'efforçant de ne pas courir.

*   *   *

Dîner à l'ashram. Après le départ de Chitkara, qui avait des affaires urgentes à régler en ville, la conversation s'est engagée sur la fuite d'Étienne, l'ouverture spirituelle des disciples (Chitkara, toujours aussi maladroit, a révélé aux autres le contenu du dernier entretien de Mère avec Étienne) et les divers types de gourous. Louis, qui s'achemine héroïquement (selon Peter) vers son neuvième mois de continence, a semblé particu-

lièrement choqué de la note que Mère aurait donnée à Étienne. Sans contester ouvertement le
jugement de celle «qui voit ce que nous ne voyons
pas», il en a proposé une interprétation nuancée:
«Mère a voulu mettre Étienne en garde contre les
dangers auxquels il s'expose en gaspillant le meilleur de lui-même, un peu comme ces artistes qui
n'arrivent à rien parce qu'ils ont trop de talent.»
Peter n'était pas d'accord, toutes les routes sont
bonnes pourvu qu'on les suive jusqu'au bout:
Ramakrishna n'avait-il pas adoré les prostituées,
certains grands poètes n'avaient-ils pas fait une
œuvre en refusant d'écrire? Louis a précisé que
Ramakrishna ne couchait pas avec celles qu'il
adorait; quant à ces poètes qui avaient refusé
d'écrire, il a reconnu ironiquement qu'il ne les
avait pas encore lus. Acculé au pied du mur par
son propre paradoxe, Peter a renoncé à la beauté
de la formule pour accoucher d'une vérité toute
simple: les grandes œuvres résistent à la littérature et la réinventent, de même que les grands
maîtres trouvent Dieu là où personne ne l'a cherché.

Hermann a dit qu'il avait rencontré, peu de
temps avant de quitter l'Allemagne, un vieux
professeur à la retraite qui prétendait s'être guéri
d'un cancer aux poumons en cessant de vouloir
arrêter de fumer: «Ce n'est pas la peine d'aller en

Inde, disait-il, un paquet de cigarettes peut te conduire à toi-même si tu t'y abandonnes totalement.» «Le bonhomme a peut-être échappé au cancer, dit Véronique, mais pas à la folie.» Mitra a rapproché ce paquet de cigarettes de ce qu'on appelle les *upas-gourous*, sortes de gourous secondaires qui peuvent être à peu près n'importe qui ou n'importe quoi. Véronique était sceptique: «Qu'est-ce qu'un paquet de cigarettes peut m'apprendre?» Louis voulait connaître la différence entre les vrais gourous et les gourous secondaires. Mitra, qui ne voulait pas jouer les doctes, s'est efforcé de répondre «au meilleur de sa connaissance»: le disciple pouvait changer d'*upa-gourou*, mais il ne pouvait rompre, pour quelque raison que ce soit, le lien qui l'unissait au gourou. «Le gourou se charge du karma de son disciple; le paquet de cigarettes, je ne pense pas.» Mitra, qui n'avait jamais tant parlé, nous a aussi appris que l'Inde distinguait trois sortes de gourous: certains sont très près de leurs disciples, «comme une poule qui couve ses œufs»; d'autres vivent avec eux sans leur parler, «comme un poisson qui nage autour de ses œufs»; d'autres enfin s'en éloignent après les avoir établis dans un lieu propice à leur éclosion spirituelle, «comme une tortue qui pense sans arrêt aux œufs qu'elle a déposés au loin».

Nous nous sommes évidemment amusés à

choisir laquelle de ces trois images correspondait à l'attitude de Mère. Si la tortue a été vite éliminée, la course entre la poule et le poisson était très serrée: Mère ne nous parle presque jamais mais elle nous touche et nous regarde chaque jour, sauf pendant ces courtes périodes où elle tourne autour de nous ou nous laisse tourner autour d'elle. François, étrangement silencieux jusque-là, s'est levé de table et a tranché le débat sans fournir d'explication: «Mère est une poule!»

* * *

Il semble bien que les forces hostiles, cette fois, aient attaqué *on a lower plane*. Quand je suis arrivé à l'ashram, en fin d'après-midi, le combat venait de commencer. À la tête des rebelles, comme toujours, un mal-aimé. Deux havresacs montaient la garde à l'entrée de la salle de méditation où les disciples s'étaient réunis. On se serait cru dans un salon funéraire. Des larmes coulaient sur les joues de Véronique, Louis tenait sa tête entre ses mains, Peter se mordait les lèvres, Thérèse fixait le plafond.

MOI

Vous en faites des têtes! Qu'est-ce qui se passe?

VÉRONIQUE

Demande à François.

FRANÇOIS

Je ne répète pas. De toute façon, tu le sauras bien assez tôt.

MOI

La maison a été saisie? Il est arrivé quelque chose à Mère?

VÉRONIQUE

Il n'est rien arrivé du tout.

PETER

François prétend que Mère, comment dire, c'est tellement insensé…

FRANÇOIS

Je ne prétends rien, je sais. Que vous l'admettiez ou non, ça ne change rien.

MOI

Ça ne change rien à quoi?

FRANÇOIS

Mère couche avec Chitkara, si tu veux le savoir.

MOI

Ah bon! Si c'est elle qui te l'a dit! Mais tu sais qu'il faut se méfier des traductions de Chitkara.

FRANÇOIS

Arrête de niaiser, tu sais bien qu'ils n'avoueront jamais.

VÉRONIQUE

François a entendu des cris et des chuchotements dans la chambre de Mère, et son imagination a fait le reste.

FRANÇOIS

Quand un homme et une femme se retrouvent dans une chambre à coucher, en plein milieu de la nuit, et que ça respire plus fort que ça parle, on n'a pas besoin d'imagination ou de traduction pour comprendre.

VÉRONIQUE

Surtout si on est jaloux!

MOI

Écoutez, le plus simple, c'est de leur demander. Ils vont bientôt descendre, non?

VÉRONIQUE

Tu es fou! Moi, je n'oserais jamais.

MOI

Mais qu'est-ce que vous craignez? S'ils nient les allégations de François, chacun sera libre de les croire ou non. S'ils les confirment, qu'est-ce que ça change?

FRANÇOIS

T'es drôle, toi! Allez, viens, Hermann, on s'en va.

Quelques minutes après leur départ, arrivée de Mère, vêtue d'un sari noir, et de Chitkara, souriant comme d'habitude. L'atmosphère était encore plus tendue que pendant cette période d'austérité où chacun se demandait si Mère allait enfin nous regarder. Mais aujourd'hui la situa-

tion était inversée: les disciples n'osaient s'approcher d'elle de peur que leur regard ou le sien ne
trahissent ce qu'ils préféraient ignorer. Ils res-
taient assis, les yeux fermés, le visage grimaçant,
tels des suppliciés sur le point de crier. Cela devenait insupportable. Je me suis souvenu du cachot
obscur, des ailes du corbeau déployées parmi les
éclats de verre, de la voix sifflante de Chitkara:
«Mère est nue…» Je me suis agenouillé. Pas de
pranam. Nous nous sommes tout de suite regar-
dés. J'ai revu l'adolescente timide qui m'avait
servi le potage, la statuette noire s'enfonçant dans
le cône vertigineux de l'œil gauche, un lac, une
forêt, et un enfant qui me tendait la main comme
s'il voulait me protéger ou que moi je le protège.
Mère a fermé les yeux, je me suis levé, et elle a
aussitôt quitté la pièce. Les disciples sont retour-
nés à leur chambre sous l'œil étonné de Chitkara
qui m'a demandé ce qui se passait. Sans réfléchir,
je lui ai répondu par une maxime sanskrite que
j'avais lue le jour de mon arrivée à Pondichéry:
«Si Krishna sauve, qui peut tuer? Si Krishna tue,
qui peut sauver?»

*   *   *

Lorsque notre esprit rencontre une difficulté ou que la douleur nous surprend, nous nous disons toujours, pour nous consoler ou justifier notre détresse, que rien ne peut arriver de pire. Hélas, la réalité se charge de nous démentir et la souffrance de la veille est un baume qu'on regrette. Au fond, nous provoquons peut-être le pire en l'appelant trop tôt à notre chevet. C'est ainsi que la mort a pris place dans le salon funéraire que j'avais évoqué.

Ce matin, Louis s'est noyé. Peter ne cesse de répéter qu'il est arrivé trop tard, que les vagues étaient trop hautes, que même son tigre a refusé de plonger. Chitkara feint de croire à un accident, mais nous savons tous que Louis ne savait pas nager, qu'il ne se baignait jamais. À quatre heures, Chitkara est monté à la chambre de Mère et en est redescendu seul: il n'y aurait pas de méditation aujourd'hui.

— Ni aujourd'hui, ni demain, dit Véronique. Ce ne sera plus jamais comme avant.

— C'est François qui l'a tué et nous l'avons laissé faire, reprend Peter en se frappant la poitrine.

— Qu'est-ce que François a à voir avec cela? demande Chitkara. Je croyais que lui et Hermann étaient partis.

Véronique et Peter ont baissé les yeux. J'ai

compris que personne n'avait osé parler, que personne ne parlerait de crainte de s'exposer à la vérité ou à d'autres représailles de Mère. Si elle avait noyé son disciple le plus fidèle, pourquoi épargnerait-elle les autres? J'ai pensé qu'il fallait absolument crever ce silence avant qu'il ne fasse d'autres victimes, mais le regard terrorisé de Thérèse m'a arrêté. Mitra avait raison: que le gourou soit pur ou impur, rien ne peut rompre le lien qui l'unit au disciple. Toute tentative de libération est vouée à l'échec.

— François est parti parce qu'il croit qu'il ne peut plus vivre avec Mère.

— Vous verrez, il reviendra, dit Chitkara.

— Et Louis, il reviendra, lui aussi? demande Peter.

— Cela dépend...

— Cela dépend de quoi, de Mère ou des marées?

Peter s'est mis à sangloter, Thérèse se balançait sur sa chaise, Véronique se rongeait les ongles. Chitkara s'est retiré en nous conseillant de nous reposer: il ne servait à rien de remuer ainsi la douleur, pleurer les morts éloignait du divin. Comment pouvait-il ignorer que les disciples ne pleuraient pas tant la mort de leur ami que celle de Mère? Que serait-il arrivé si Mère était apparue à cet instant où ils s'efforçaient de l'ensevelir? Se seraient-ils enfuis ou jetés à ses genoux? Est-il possible d'adorer ce qu'on a brûlé?

Quand la voix et les pas de Mère et de Chitkara se sont rapprochés dangereusement du haut de l'escalier, Véronique s'est levée brusquement: «Je ne peux plus rester ici.» «Moi, non plus», a dit Peter. Thérèse continuait de se bercer, le regard vide, les lèvres closes. Véronique l'a prise par la main et elles sont sorties ensemble. Avant de partir, j'ai laissé un mot à l'intention de Chitkara: «Nous avons tous besoin de repos. À bientôt, j'espère.»

* * *

Jatti a accueilli le retour des brebis égarées avec une satisfaction qu'il avait peine à dissimuler. Tout son visage disait: «Je vous l'avais bien dit». Il a donné à Véronique et à Thérèse la plus belle chambre qu'il lui restait, et a accepté que Peter partage la mienne. Pour le refroidir, je lui ai annoncé la mort de Louis. Cela a terni quelque peu son triomphe qui, de toute façon, sera de courte durée. En effet, Véronique et Thérèse rentrent à Montréal après-demain. Quant à Peter, il se retire chez une vieille tante qui habite au Sri Lanka dans l'espoir inavoué de prolonger son enfance indienne et de retrouver peut-être sur une plage de la côte le corps vivant de Louis. Comme aucun des trois n'a l'intention de retourner à l'ashram, ils m'ont demandé d'aller y chercher leurs affaires «et celles de Louis», a insisté Peter. J'ai accepté pourvu qu'ils règlent à Chitkara «leur note d'hôtel». Je ne voulais pas les blesser, l'expression m'a échappé. Je ne connais pas exactement les arrangements qu'ils avaient pris avec Chitkara, mais je les soupçonne de lui avoir envoyé plus que ce qu'ils lui devaient.

En remettant l'enveloppe à Chitkara, j'ai tenté de lui expliquer la décision de mes amis: la mort de Louis, le mal du pays, le manque d'argent, etc. Il était complètement effondré. Qu'allait-il faire de cette maison, qu'est-ce que Mère deviendrait? Il ne pourrait jamais rembourser sa dette, son frère le menaçait déjà d'engager des poursuites, et Mère qui se taisait comme si tout cela ne la concernait plus. J'avais devant moi un vieil homme malade qui s'écroulait sous le poids de son rêve. Que ce rêve, comme tous les rêves, ait été ou non une imposture n'avait aucune importance. Je regardais Chitkara et je revoyais la bicyclette de Mitra appuyée contre nos boeings, les grimaces du sosie d'Anthony Perkins, les trois fillettes qui faisaient le trottoir... J'ai promis à Chitkara de revenir le lendemain et je suis monté faire les valises. Sur la table de Louis, il y avait un cahier d'écolier dans lequel il devait tenir son journal. En le refermant, je n'ai pu m'empêcher de lire ces mots griffonnés au milieu d'une page blanche: «La poupée de sel ne peut retourner vers nous pour parler de la profondeur de l'océan.»

Quand je suis descendu, chargé de mes deux premières valises, j'ai trouvé Chitkara, tout souriant, en conversation avec le chauffeur de taxi. Non, je n'avais pas besoin d'aide puisqu'il ne restait que deux valises là-haut. En passant devant la chambre de Mère, j'ai remarqué que sa porte était ouverte. Comment dit-on adieu à quelqu'un à qui on n'a jamais parlé? De toute façon, je pourrais la voir le lendemain, si elle le désirait. Chitkara m'a salué deux ou trois fois: «N'oubliez pas. Mère et moi, nous vous attendons demain à quatre heures.»

* * *

Après le petit déjeuner, Véronique et Thérèse ont pris le bus pour Madras. Thérèse a de plus en plus l'air d'une automate. Elle ne parle toujours pas et obéit docilement à Véronique, qui la traite comme une petite fille: «Veux-tu encore de la confiture, bois ton café, dis au revoir à Alexandre...» Véronique a sorti de son sac le *Yi King* et les trois sous dont elle ne se séparait jamais: «Garde-les, je n'en ai plus besoin.» Je ne la reconnaissais plus. Loin d'appréhender le retour, elle semblait tout excitée à l'idée de redécorer son appartement («Tu verras, Thérèse, ce sera très, très joli») et de recommencer à travailler («Dans une galerie ou une boutique de fleuriste, je ne sais pas. Qu'est-ce que tu en penses, Thérèse?»). Thérèse n'en pensait strictement rien et fixait ses toasts sans y toucher («Tu dois manger, le voyage sera très, très long, tu sais»). Oui, bien sûr, j'irais les visiter dès mon retour (pourvu que ce ne soit pas en clinique, me suis-je dit). Cela n'avait aucun sens, cette fausse gaieté, cette façon de jouer à la maman avec quelqu'un deux fois plus âgé qu'elle. J'aurais dû la gifler, lui parler de son amant ou de Freud, mais je n'en ai rien fait. Après tout, ce n'était plus une enfant.

Comme Peter dormait encore et que j'avais besoin de me changer les idées, j'ai flâné dans la rue qui longe la mer. C'est là que j'ai croisé Hermann et François, filant à la vitesse d'un éléphant sur la vieille mobylette jaune d'Étienne. Quand il m'a aperçu, François a fait demi-tour et s'est rangé près du trottoir sans couper le contact. Poignées de mains, salutations embarrassées, propos décousus. Ils se sont enfin décidés pour le Tibet. En mobylette jusqu'à ce que le moteur flanche, puis à pied car «c'est la meilleure façon de voyager lorsqu'on a ce qu'il faut et toute l'éternité devant soi». Deux de plus dans la triste caravane de ces *freaks* qui rêvent d'aller mourir au sommet de l'Himālaya et s'écroulent en chemin dans les neiges éternelles de la coke.

Encore une heure avant de me rendre chez Mère. Peter arpente la plage, avec ou sans son tigre, mais ça ne m'inquiète pas. Il s'est remis à Blake, m'appelle à nouveau son très cher et déclame tel un choreute livré «aux funestes rayons de l'amour», «à la fragilité tragique de l'existence». Bientôt, la Callas lui prêtera sa voix, le fantôme de Louis lui soufflera des vers immortels qu'il transcrira dans un monastère bouddhiste du Sri Lanka ou à la terrasse d'un café londonien. C'est un fait que seuls ceux qui rêvent ne savent pas que la vie est un songe. Comme dirait François, ils parlent et vivent comme dans un livre. Un livre dont ils ne connaissent ni le début ni la fin, et c'est peut-être mieux ainsi.

*   *   *

Je suis arrivé à l'ashram en même temps que le taxi que j'avais pris la veille. Sur le seuil, j'ai trouvé une enveloppe qui m'était adressée. C'était l'écriture de Chitkara: *Cher ami, j'ai dû fuir pour quelque temps Pondichéry et cette maison. Je vous confie Mère. Auriez-vous l'obligeance de la raccompagner dans son village natal, où je la rejoindrai dès que possible? Un taxi viendra vous prendre vers quatre heures. Je n'ai malheureusement pas de quoi payer le voyage... Dieu vous le rendra. P.S.: On ne peut se fier au chauffeur. Si vous n'accompagnez pas Mère, il la descendra n'importe où, à quelques kilomètres d'ici.*

Et si je refusais ou que je ne pouvais pas, moi non plus, payer la course! Chitkara avait dû se cacher quelque part autour de la maison. Que Mère puisse être complice ou victime d'un tel bluff me révoltait également. Avait-on idée de jouer ainsi au poker avec la vie des autres? Selon le chauffeur, le village en question était situé près de Salem, sur la route de Madras. L'aller-retour me coûterait presque tout ce qui me restait. De toute façon, je n'avais plus rien à faire ici.

Mère m'attendait dans la salle de méditation, assise sur son fauteuil, son unique valise à côté du vase où se fanaient les dernières fleurs offertes par les disciples. De ces yeux qui m'avaient si souvent transpercé ou accueilli coulaient des larmes qu'elle essayait maladroitement de dissimuler. Je lui ai tendu mon mouchoir, j'ai pris sa valise et nous sommes montés dans la voiture, elle derrière, moi devant. Pendant tout le trajet, je ne me suis retourné qu'une seule fois pour lui offrir une tablette de chocolat qu'elle a acceptée en souriant. Je regardais les champs et les villages s'étirer dans la lumière dorée, les bêtes et les gens se fixer et se confondre sous mes yeux attentifs, indifférents, comme si ce que je voyais effaçait aussitôt ce que j'avais vu, ce que je verrais. Je ne pensais à rien. Ni au retour, ni à Mère. De temps à autre, le chauffeur sifflotait. Il connaissait bien la route et le silence de ses passagers ne semblait pas lui peser. Le soir tombait quand il s'est arrêté enfin dans un pâté de maisons en terre battue devant lesquelles fumaient des braseros. Mère est descendue, m'a regardé longuement une dernière fois, et s'est dirigée vers la fontaine où des femmes s'affairaient au milieu des cruches.